Début d'une série de documents en couleur

Couverture inférieure manquante

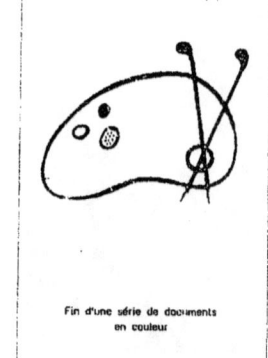

Fin d'une série de documents en couleur

Z.8
15096

L'ACADÉMIE
FRANÇAISE

HUITIÈME SÉRIE. — Format in-8° raisin III.

TYPOGRAPHIE FIRMIN-DIDOT ET Cie. — MESNIL (EURE)

Fig. 1. — Palais de l'Institut de France.

EUGÈNE ASSE

LAURÉAT DE L'INSTITUT

L'ACADÉMIE
FRANÇAISE

OUVRAGE ILLUSTRÉ DE 61 GRAVURES

PARIS
LIBRAIRIE DE FIRMIN-DIDOT ET Cie
IMPRIMEURS DE L'INSTITUT, RUE JACOB, 56

L'ACADÉMIE
FRANÇAISE

CHAPITRE PREMIER.

UNE ACADÉMIE AVANT L'ACADÉMIE.

(1570-1585)

L'Académie française, ainsi que toutes les institutions humaines, a été précédée par des créations analogues, qui en étaient comme les tâtonnements incertains, les premières ébauches. Il serait téméraire de lui appliquer le mot célèbre : *Prolem sine matre creatam*, que l'un de ses membres, Montesquieu, avec quelque témérité lui-même, a donné pour épigraphe à *l'Esprit des Lois*. Quel qu'ait été le mérite du cardinal de Richelieu dans la fondation de l'Académie, et quelque honneur qu'on doive lui en faire, il eut en ce genre des prédécesseurs, ou tout au moins des précurseurs. L'histoire ne doit pas les oublier ou les passer sous silence.

Ce serait, sans doute, remonter trop haut dans le passé,

que de rattacher l'idée d'une Académie française à cette académie palatine que Charlemagne avait établie dans son palais, sorte de société littéraire dont il avait voulu être membre ainsi que ses enfants et ses ministres; ni même à ces académies qui fleurirent de bonne heure en Italie : les Humoristes (*Belli humori*), à Rome; les *Ricovrati*, à Padoue; les *Offuscati*, à Césène. Mais ce qu'il faut rappeler quand on parle des origines de l'Académie française, c'est l'*Académie de Poésie et de Musique* établie à Paris, sous Charles IX, par Antoine de Baïf, et qui a eu récemment son historien dans un diplomate aussi savant que lettré, M. Édouard Fremy.

Jean-Antoine de Baïf, né à Venise, au mois de février 1532, était fils de Lazare de Baïf, alors ambassadeur de France auprès de la Sérénissime République, à la fois poète et érudit, le premier qui nous ait fait connaître le théâtre antique par ses traductions en vers de l'*Électre* de Sophocle (1537) et de l'*Hécube* d'Euripide (1550). Instruit dans le latin par le célèbre Charles Estienne, dans le grec par Vergèce, et par Toussaint, qui le professait au Collège de France, nouvellement fondé. Lié dès 1544 avec Ronsard et Joachim du Bellay, de huit ans plus âgés que lui, il les suivit tous deux au collège de Coqueret, sous l'illustre Dorat, et conçut avec eux l'idée de cette révolution littéraire, dont en 1549 du Bellay écrivit le manifeste dans son *Illustration de la Langue Française*. Pour les jeunes novateurs, il s'agissait de donner à la langue française, restée trop naïve, le nombre, la gravité, la richesse d'expressions qui lui manquaient, de la pénétrer des beautés de l'antiquité, non plus seulement par des traductions, mais par des imitations, et par l'introduction de certains genres de littérature, tels que l'Ode, l'Élégie, l'Églogue, etc., que la France ne possédait pas encore. Cette sorte de premier cénacle, qui s'appela d'abord la « Brigade » de Remi Belleau, puis la Pléiade, nom sous lequel cette société est restée célèbre, renouvela bientôt toute la poésie française.

Baïf fut un des premiers à mettre en pratique les préceptes de la nouvelle école. Son recueil de vers, *les Amours*, parut en 1552, presque en même temps que *l'Olive*, de du Bellay, et que *les Amours*, de Ronsard (1550). Mais,

Fig. 2. — Portrait de Baïf, d'après une gravure du XVIᵉ siècle.

allant plus loin, il voulut lier étroitement la poésie et la musique. Il aurait dit volontiers comme un poète plus récent :

> Les vers sont enfants de la Lyre ;
> Il faut les chanter, non les dire.

Il voulait aussi doter son pays du vers métrique, à l'imitation de l'antiquité, où le mélange et le nombre des syllabes longues et brèves constituaient le vers, indépendamment de la rime. Cette tentative, contraire au véritable génie de la langue française, ne réussit pas, mais c'est elle qui donna naissance à l'*Académie de Poésie et de Musique*, dont, à partir de 1567, Baïf poursuivit la création, avec son ami le musicien Thibaut de Courville.

Au bout de trois ans d'efforts, ce projet était réalisé. Au mois de novembre 1570, parurent les lettres patentes signées du roi Charles IX, qui fondaient la nouvelle *Académie françoise de Poésie et de Musique*. « Pour affirmer hautement, dit ce prince, nostre intention que la dicte Académie soit suivie et honorée des plus grands, nous avons liberalement accepté et acceptons le surnom de Protecteur et premier Auditeur d'icelle, parce que nous voulons et entendons que tous les exercices qui s'y feront soyent à l'honneur et accroissement de nostre Estat et à l'ornement du nom du peuple françois. »

Parce que la nouvelle compagnie s'occupait de musique, il ne faudrait pas croire cependant que ce fut là son objet exclusif, ni même principal. Il est dit expressément, dans ses statuts, que ses membres doivent « travailler à l'avancement du langage françois »; et, dans les lettres patentes, que le roi qui les donne a pour dessein, « à l'exemple de tres bonne et louable memoire le Roy François, son ayeul, de voir partout cettuy royaume les lettres et la science florir ».

Comme plus tard l'Académie française, la nouvelle institution eut pour adversaire le Parlement. En dépit des conclusions favorables données, à l'audience du 15 décembre 1570, par les avocats du roi, du Faur de Pibrac et de Thou, sous la réserve « qu'il ne seroit rien fait à l'Académie contre l'honneur de Dieu et du Roy, et contre le bien public, » cette cour souveraine soumit préalablement les statuts au contrôle et à l'approbation de l'Université. Devant celle-ci, les choses menaçaient de trainer en longueur

Fig. 8. — Charles IX, d'après une médaille du temps.

et de ne jamais aboutir, lorsque Charles IX coupa court à ces difficultés par un acte d'autorité. Il octroya de secondes lettres patentes, par lesquelles il « deffendoit que, qui que ce fust apportast aucun obstacle à l'établissement de la nouvelle compagnie ».

Cette Académie de poésie et de musique était composée de deux sortes de membres : d'*auditeurs* et de *musiciens*. Sous ce dernier nom étaient compris, non pas seulement les instrumentistes et chanteurs qui prêtaient leur concours à la compagnie, mais aussi, nous devrions dire surtout, les poètes, les savants, les érudits, auteurs des poèmes dont la lecture était faite en séance aux auditeurs. Quant aux musiciens proprement dits, ils étaient au nombre de six, qualifiés de *chantres* et de *joueurs d'instruments*. Chaque *Académique*, une fois agréé, était mis en posesssion d'un médaillon, sur lequel était inscrite la devise de l'Académie. Les séances se tenaient le dimanche, « deux heures d'horloge durant ». Les auditeurs, inscrits au livre de l'Académie, payaient une certaine cotisation pour les frais nécessités par l'entretien de l'institution.

Fig. 4. Portrait de P. Ronsard, d'après une gravure du XVIe siècle.

Jusqu'à la mort d'Antoine de Baïf en 1589, l'Académie tint ses séances dans l'hôtel des Fossés-Saint-Victor, et quelquefois au collège de Boncourt, qui était tout voisin, à peu près où se trouve aujourd'hui la rue Descartes. C'est là que Baïf lut des fragments de ses pièces de théâtre imitées de l'antiquité : *le Brave*, *l'Eunuque*, *l'Antigone*; là que Ronsard discuta le plan de sa *Franciade* avec Charles IX, qui, ne se contentant pas de son titre de Protecteur de la compagnie, assistait souvent aux *auditoires*.

Dans une pièce de vers adressée au roi, Baïf lui rend compte ainsi des travaux et des projets de l'Académie, à laquelle ce prince s'intéressait si vivement :

> Sire, je vous rends comte
> Du temps de vostre absence et, du long, vous raconte
> Que c'est que nous faisions, je di, premièrement :
> En vostre Académie on œuvre incessamment
> Pour, des Grecs et Latins imitant l'excellence,
> De vers et chans réglez décorer vostre France
> Aveocque vostre nom......
>
> Je di que j'essayoy la grave *Tragédie*
> D'un stile magestueux ; la basse *Comédie*
> D'un parler simple et net ; là, suivant Sophoclès,
> Auteur grec qui chanta le décès d'Herculès,
> Icy donnant habit à la mode de France
> Et le parler françois aux joueurs de Térence,
> Térence, auteur romain, que j'imite aujourd'huy,
> Et, comme il suit Ménandre, en ma langue j'ensuy ;
> Après, je vous disois comment je renouvelle,
> Non seulement des Vieux la gentillesse belle
> Aux chansons et aux vers, mais que je remettoys
> En usage leur danse...

L'académie de Baïf eût été aussi, comme on le voit, une académie de danse ; quelque chose comme une réunion de ce qui fut plus tard l'Académie française de Richelieu, et de l'Académie royale de musique de Louis XIV. C'était beaucoup pour un premier essai, et l'avenir de la création de Baïf dut s'en ressentir. La mort de Charles IX (1574), son Protecteur, trois ans seulement après sa fondation, le découragement qu'en éprouva Baïf, compromirent gravement la nouvelle institution.

Elle fut sauvée par Pibrac qui, usant de son influence sur le nouveau roi Henri III, qu'il avait suivi en Pologne, obtint pour elle la protection de ce prince. Mais elle se modifia sensiblement, et changea de nom. Prenant pour modèle l'Académie florentine, fondée par Laurent de Médicis, qui y avait ressuscité le platonisme alexandrin, elle élargit le cadre de ses travaux et devint non moins philosophique et scientifique que littéraire. Elle reçut le titre d'*Académie du Palais*, lorsque le roi lui eut fait quitter l'hôtel de Baïf, au quartier Saint-Marceau, pour l'installer au Louvre, dans son propre cabinet, situé à l'endroit même où est aujourd'hui le musée égyptien. C'est un exemple que Louis XIV suivra, un siècle plus tard.

Les séances ou *auditoires* avaient lieu deux fois par semaine; elles étaient *ordinaires* et *extraordinaires*, composées également de deux ordres d'académistes, les *auditeurs* et les *musiciens*, avec un Protecteur, qui était le roi. Pibrac en fut l'*entrepreneur* ou directeur, comme Baïf l'avait été de la précédente. Mais la morale et la philosophie eurent une part dominante dans ses travaux, sans exclure cependant ni la poésie ni même la musique. L'éloquence y tint aussi une grande place : il s'y fit beaucoup de discours sur des questions de morale ou de philosophie. Elle était en pleine activité en 1576. Ce fut Ronsard qui prononça le discours inaugural, en présence du roi. Le Pindare de la

France, celui que ses contemporains appelaient *le prince des poètes*, s'y révéla sous l'aspect nouveau de moraliste et d'orateur, et ne s'y montra pas sans mérite. « Encore qu'il eût, dit Colletet, une plus puissante inclination à la poésie qu'aucun poète n'eut jamais au monde, si est-ce qu'il ne laissoit pas d'estre excellent orateur. »

Henri III avait institué, dans son Académie, une sorte de tournoi oratoire, où chacun s'exerçait sur des sujets que le roi avait donnés. Telle fut l'occasion des deux discours de Ronsard : *la Prééminence des vertus morales ou intellectuelles* et *l'Envie*, « lorsque, raconte Claude Binet, le Roy Henry troisiesme voulut dresser l'Académie de son Palais et fit choix des plus doctes hommes de son royaume, pour apprendre les

Fig. 5. — Portrait de Pibrac, d'après une gravure du XVIe siècle.

bonnes lettres, par leurs rares discours, enrichis des plus belles choses qu'on peut rechercher sur un subject et qu'ils devoient faire, chacun à leur tour. »

De ces discours qui furent ainsi prononcés, nous possédons ceux de Desportes et d'Amadis Jamyn, dans cette même question de la précellence des vertus morales ou intellectuelles; de Pibrac et de Jamyn sur l'*Ire* (la colère), d'Amadis Jamyn encore sur l'*Ambition*, la *Crainte*, la *Vérité* et le *Mensonge;* de du Perron sur la *Connoissance* et sur l'*Ame;* du médecin Miron sur la *Joie et la Tristesse;* peut-être de la duchesse de Retz ou de Mme de Lignerolles. Car les femmes étaient admises dans cette Académie des Valois, et c'est la plus grande différence qu'elle présente avec l'Académie française.

Nous n'avons plus le *Livre d'Institution* de l'Académie. Au témoignage de Colletet, qui en avait vu un reste sauvé de l'incurie des héritiers de Desportes, son premier possesseur, « c'estoit un beau vélin, » où « le Roy, les Princes, les Seigneurs et tous les Sçavans avoient tous signé. » Avec lui disparut la liste des académiciens. Mais il est certain que, indépendamment de Pibrac, son rénovateur, et des écrivains ci-dessus nommés dont nous possédons les discours, Agrippa d'Aubigné, Pontus de Thiard, en firent partie. A ces noms il faut ajouter, par conjecture, comme l'a fait M. Fremy, Jean Dorat, qui ne mourut qu'en 1588, Remi Belleau, disparu dès 1577, Florent Chrestien, Nicolas Rapin, Colletet, père de Guillaume Colletet le poète, par qui la future Académie se reliera à l'ancienne, Barnabé Brisson, Jacques-Auguste de Thou. Les *auditeurs* se recrutèrent surtout à la cour, car, comme dit Brantôme, « l'Académie avait été introduite à la cour » par le roi, et Colletet, qui, par ses traditions de famille était fort bien renseigné, ajoute que le roi, « voulut obliger ses principaux favoris d'en augmenter le nombre ».

Claude-Catherine de Clermont, duchesse de Retz, qui écrivait avec une égale facilité en grec, en latin et en italien ; et Louise de Cabriane de la Guyonnière, veuve en 1571 de Philibert de Lignerolles, attaché à Henri III, quand il était encore duc d'Anjou, remarquable par son esprit et sa haute culture intellectuelle, étaient l'une et l'autre fort appréciées par l'Académie. Nous en avons la preuve dans ce passage d'une lettre où d'Aubigné, après avoir énuméré « les femmes doctes de son siècle » à l'étranger, ajoute : « Je choisis aussy en la Cour, pour mettre en ce rang, la

Fig. 6. — Portrait d'Henri III, d'après une gravure du XVIᵉ siècle.

mareschale de Retz et Madame de Lignerolles... Ces deux ont faict preuve de ce qu'elles savoyent plus aux choses qu'aux paroles dans l'Académie, et me souvient qu'un jour, entre autres, le problème estoit sur l'excellence des vertus morales et intellectuelles, elles furent antagonistes et se firent admirer. »

Cependant, cette partie féminine de l'Académie ne laissait pas déjà d'être l'objet de quelques railleries, si nous nous souvenons de cet agréable dialogue rapporté par Brantôme, et qui fait penser, un siècle plus tôt, aux *Précieuses ridicules* de Molière : « Un gentilhomme que je sçay, venant à la cour, dont il avoit esté absent six mois, il vit une dame qui alloit à l'Académye, qui estoit lors introduicte à la cour par le Roy. » — « Comment, dit-il, l'Académye dure-t-elle encore ? On m'avoit dit qu'elle estoit abolie. » — « En doubtez-vous, luy répondit-on, si elle y va ? Son magister luy apprend la philosophie. »

Comme il arrive à toute chose, comme cela arrivera à l'Académie de Richelieu, l'Académie de Henri III eut des détracteurs. Elle touchait de trop près à ce prince, pour ne pas être atteinte aussi par les traits dont son Protecteur était le but. Parmi ces adversaires, Passerat, le futur auteur de la *Satire Ménippée*, et Étienne Pasquier se firent remarquer. Le premier, dans une pièce de vers où il traçait les devoirs d'un roi, terminait par ce trait à l'adresse de Henri III et de son Académie :

> Sans chercher donc la Vertu endormie
> Aux vains discours de quelque Académie,
> Lisez ces vers, et vous pourrez sçavoir
> Quel est d'un Roi la charge et le devoir.

Pasquier fut plus violent encore dans une épigramme latine, où il cherchait à ravaler ce prince en le traitant de grammairien :

> ...... Vere declinat, et ille
> Rex bis qui fuerat fit modo grammaticus.

« Il sait ses déclinaisons, et celui qui fut deux fois roi n'est plus qu'un grammairien. »

Les guerres civiles, les fureurs de la Ligue portèrent un coup mortel à l'Académie du Palais. Ses séances avaient été déjà interrompues, lorsque, le 2 mai 1584, mourut Pibrac. Elles ne furent plus reprises après lui, et l'Académie disparut définitivement avec Henri III en 1589. La même année, était mort Antoine de Baïf, son premier fondateur. Sous le double titre qu'elle avait porté, cette Académie avait duré treize ans. La demeure qui l'avait d'abord abritée, l'hôtel des Baïfs, avait été saccagée par les ligueurs de Paris, pendant le siège de cette ville. Guillaume de Baïf, fils du poète, avait dû faire restaurer toutes les devises grecques et latines qui en ornaient l'extérieur. Vendu, en 1639, par l'héritière de celui-ci, Philippe de Baïf, femme d'Antoine Gaffarel, seigneur de Therval, aux Dames anglaises Bénédictines, les derniers vestiges en ont disparu récemment, lors de la percée de la rue des Écoles.

Telle fut cette première tentative d'Académie, dont Sainte-Beuve a bien jugé l'importance qu'elle doit avoir dans une histoire de l'Académie française : « L'Académie de Baïf et de Pibrac, dit-il, était un véritable essai d'Académie française... Peut-être, avec plus de loisir et de paix dans l'État, la fin du XVIe siècle eût prévenu, en littérature, le siècle de Louis XIV. » Telle est également l'opinion de M. Jeandet, le récent historien de Pontus de Thiard. Mais le témoignage le plus précieux sur ce point est celui de Colletet, qui fut comme un souvenir vivant de cette première Académie dans l'Académie française : « Cette célèbre compagnie, dit-il, cette noble et fameuse Académie, promettoit des choses merveilleuses, soit pour les sciences, soit pour la langue. Veuille le bonheur de la France que cette Académie Françoise qui fleurit à présent, et de laquelle j'ai l'honneur d'être, répare le défaut (*la disparition*) de l'autre, et que l'on recueille de cette noble Compagnie les fruits que l'on se promettoit de celle du dernier siècle ! »

L'Académie des Valois avait disparu; mais l'idée d'une Académie persista après elle. Elle ne cessa pas, pour ainsi dire, d'être dans l'air, jusqu'au jour où Conrart et Richelieu la réalisèrent dans le premier tiers du XVIIe siècle.

Dans cet intervalle, plus d'une compagnie, d'une réunion se forma, qui en eut l'esprit et même l'apparence, sans compter les « ruelles, » comme on disait alors, les hôtels de la marquise de Rambouillet et de la vicomtesse d'Auchy, l'amie de Malherbe. L'assemblée que tenait, à Orléans, M. de Héere, doyen de Saint-Aignan, avec Fornier et Petau, et dont les discours ont été recueillis sous le titre de *Conférences Académiques*, n'était vraisemblablement qu'une réunion d'ecclésiastiques amis des lettres. Il en fut encore ainsi de l'Académie de Théologie du couvent des Grands-Augustins, de l'assemblée que François de Harlay, archevêque de Rouen, tint en 1631, à Paris, dans l'abbaye de Saint-Victor, dont il était abbé; de celle également que réunit à Conflans, peu après, le cardinal de Richelieu lui-même, où parurent les membres survivants de l'assemblée de Saint-Victor, et dont Campanella fut le « modérateur, » c'est-à-dire le président. Mais c'était bien près d'être une véritable académie — de politique et de guerre, — que cette institution dont, en 1612,

Fig. 7. — Portrait de Pontius de Thiard, d'après une gravure du XVIe siècle.

M. de Flurance-Rivaut, précepteur du jeune Louis XIII, faisait imprimer le projet : elle devait avoir le roi pour protecteur, un vice-protecteur, un directeur, deux assesseurs et un secrétaire, et on y devait faire des « conférences d'état et de guerre ».

Il faut encore rappeler l'académie formée, en 1619, par Michel de Marolles, abbé de Villeloin, dans laquelle « outre les mots et les façons de parler, dit son fondateur, on examinait encore l'économie des pièces, et où chacun essayait d'en faire quelqu'une sur des sujets proposés ». N'oublions pas non plus les cercles qui se tenaient dans les cabinets de M. de Thou, des frères Du Puy, du P. Mersenne, de Chantereau le Fèvre, chez Segrais à Rouen, chez Gaston, duc d'Orléans, chez le cardinal de Retz, où se rencontraient Saint-Amant, Blot, Ménage, Scarron, Marigny.

Pour ce travail d'épuration de la langue, n'était-ce pas presque une académie que le salon de Mme de Rambouillet, et celui de Mme d'Auchy, où, plus tard, quand l'Académie française fut fondée, « les académiciens qui y fréquentaient » ont quelquefois, dit Sorel, « récité les mêmes harangues qu'ils avoient faites à l'Académie, et où après les récits la conversation étoit plus libre et plus galante, quelques dames de condition et d'esprit y ayant été reçues » ? C'est de cette vicomtesse d'Auchy que Tallemant a dit : « Jamais personne n'a été si avide de lectures, de comédies, de lettres, de harangues, de discours, de sermons même. Elle prestoit son logis avec un extrême plaisir pour de telles assemblées. »

Enfin, l'on a pu dire, mais avec beaucoup d'exagération, que la réunion qui avait lieu, en 1633, rue de la Calandre, au « Bureau d'Adresses » de Renaudot, était une espèce d'Académie, académie dans tous les cas fort mêlée, un peu grotesque, dont Sorel a dit : « La vente et la distribution des gazettes, la communication que l'on y donnait des registres de bénéfices à permuter, et de maisons à vendre, les valets que l'on y trouvoit à louer, l'argent que l'on y prêtoit sur gages, les hardes engagées que l'on vendoit à l'encan, rendoit quelquefois cette maison une vraie friperie. Cela n'empeschoit pas qu'à d'autres heures, elle ne parut soudain une eschole de philosophie, et l'on pouvoit dire que ces diverses applications se faisoient pour la rendre un modèle de nostre Police, et un abrégé de la vie humaine. »

Mais ces cercles, ces assemblées littéraires, théologiques, politiques, ces académies même, si l'on peut donner ce nom à quelques-unes de ces réunions, ou, si elles le prirent, n'étaient que des choses éphémères, paraissant et disparaissant avec les personnes ou les circonstances qui les avaient engendrées. Il restait à créer une institution durable, nationale. C'est ce que fit Richelieu, en donnant à une de ces réunions littéraires, qui ne se distinguait pas beaucoup de celles qui l'avaient précédée ou qui existaient autour d'elle, le caractère d'une institution publique, formant un corps, comme les grandes compagnies judiciaires ou politiques qui entouraient la royauté, et se qualifiant elle-même de « Compagnies ».

CHAPITRE II.

LA FONDATION DE L'ACADÉMIE FRANÇAISE. — LES PREMIERS ACADÉMICIENS.

(1629-1636.)

Dans la dix-neuvième année du règne de Louis XIII, la cinquième du ministère du cardinal de Richelieu, alors âgé de quarante-quatre ans, habitait, dans le centre de Paris, au coin de la rue Saint-Martin et de la rue des Vielles-Étuves, en face de l'hôtel de Bruxelles, à quelques pas du cloître Saint-Merry, un conseiller-secrétaire du roi, de riche bourgeoisie ou de petite noblesse, protestant de religion. C'était Valentin Conrart, fort lettré, quoiqu'il ne sût pas les langues anciennes, mais possédant à fond l'italien et l'espagnol, et faisant déjà autorité dans les questions de langue et de grammaire française. Il n'avait que vingt-six ans, et réunissait chez lui quelques amis, presque tous jeunes comme lui, et comme lui aimant les lettres avec passion. Ce cercle fut le berceau de l'Académie française.

« Environ l'année 1629, dit un contemporain, quelques particuliers logés en divers endroits de Paris, ne trouvant rien de plus incommode dans cette grande ville, que d'aller fort souvent se chercher les uns les autres sans se trouver, résolurent de se voir un jour de la semaine chez l'un d'eux. Ils étoient tous gens de lettres, et d'un mérite fort au-dessus du commun : M. Godeau, maintenant évêque de Grasse, qui n'étoit pas encore ecclésiastique, M. de Gombauld, M. Chapelain, M. Conrart, M. Giry, feu M. Habert, commissaire de l'artillerie, M. l'abbé de Cerisy, son frère, M. de Serizay, et M. de Malleville. Ils s'assembloient chez M. Conrart, qui s'étoit trouvé le plus commodément logé pour les recevoir, et au cœur de la ville, d'où tous les autres étoient presque également éloignés. Là, ils s'entretenoient familièrement, comme ils eussent fait en une visite ordinaire, et de toute sorte de choses, d'affaires, de nouvelles, de belles-lettres. Que si quelqu'un de la compagnie avoit fait un ouvrage, il le communiquoit volontiers à tous les autres, qui lui en disoient librement leur avis : et leurs conférences étoient suivies, tantôt d'une promenade, tantôt d'une collation qu'ils faisoient ensemble. Ils continuèrent ainsi trois ou quatre ans, et comme j'ai ouï dire à plusieurs d'entre eux, c'étoit avec un plaisir extrême et un profit incroyable. De sorte que quand ils parlent encore aujourd'hui de ce temps-là, et de ce premier âge de l'Académie, ils en parlent comme d'un âge d'or, durant lequel avec toute l'innocence et toute la liberté des premiers siècles, sans bruit et sans pompe, et sans autres loix que celles de l'amitié, ils goûtoient ensemble tout ce que la société des esprits, et la vie raisonnable, ont de plus doux et de plus charmant. »

Tel est le simple et aimable récit que faisait, en 1652, de l'origine et des premiers temps de l'Académie, Pellis-

Fig. 8. — Valentin Conrart.

son, son plus ancien historien. En le lisant aujourd'hui, on en pense ce qu'en pensait déjà Fénelon, qui, succédant en 1693 à Pellisson, disait : « Tout le monde a lu avec plaisir son récit de la naissance de l'Académie. Chacun, pendant cette lecture, croit être dans la maison de M. Conrart, qui en fut comme le berceau. »

Si l'on excepte Gombauld, alors dans sa cinquante-neuvième année, le plus âgé des huit commensaux de Conrart était Serizay, qui n'avait pas plus de trente-cinq ans, Giry en avait trente-quatre, Chapelain trente-trois, Malleville trente-et-un, Godeau et Philippe Habert vingt-quatre, l'abbé de Cerisy à peine quinze. Un des caractères de ce petit groupe littéraire était donc la jeunesse, comme l'a fait remarquer M. Kerviler. Un autre, qu'il faut noter, était la simplicité familière, l'amicale bienveillance qui y régnait. « Dans cette école d'honneur, disait, en 1684, l'abbé de La Chambre en recevant Boileau, et non sans quelque allusion à la malignité de celui-ci, dans cette école de politesse, de savoir, l'on ne s'en faisoit point accroire, l'on ne s'entêtoit point de son propre mérite, l'on n'y opinoit point tumultueusement et en désordre; personne n'y disputoit avec altercation et avec aigreur; les défauts étoient repris avec douceur et modestie, les avis reçus avec docilité et soumission; bien loin d'avoir de la jalousie les uns des autres, l'on se faisoit un honneur et un mérite de celui de ses confrères dont on se glorifioit plus que du sien propre. Au lieu d'insulter aux faiblesses... on se faisait une loi expresse de cacher les défauts de son prochain, de les étouffer dans le sein de la compagnie, d'en dérober la connoissance aux étrangers, sans s'étudier à en régaler ceux du dehors, ou à en divertir le public par de sanglantes railleries aux dépens des particuliers et de ses plus chers amis... Là, chacun s'efforceait de devenir de jour en jour plus savant et plus vertueux... Là, chacun étoit maître et disciple à son tour; chacun donnoit et recevoit : tout le monde contribuoit à un si agréable commerce; inégaux, mais toujours d'accord. »

Les amis littéraires de Conrart demeuraient pour la plupart dans son voisinage, Chapelain rue des Cinq-Diamants, Habert de Montmor rue Sainte-Avoie. Leur assiduité aux réunions de la rue des Vieilles-Étuves en fut naturellement plus grande. A eux se joignait souvent un cousin de Conrart, natif de Dreux, le jeune Godeau, venant en passage à Paris, âgé alors de vingt-quatre ans, et qui écrivait ses premiers vers. Si même nous en croyons l'abbé d'Olivet, continuateur de Pellisson, « ce fut pour entendre la lecture des poésies qu'il apportait de Dreux, que Conrart assembla pour la première fois ces gens de lettres dont les conférences donnèrent bientôt naissance à l'Académie ». Godeau, en effet, n'était pas encore à l'hôtel de Rambouillet le personnage que sa petite taille y fit appeler, quelque temps plus tard, « le nain de la belle Julie ».

Deux membres seulement avaient, d'ailleurs, déjà atteint à la célébrité : Gombauld, protestant comme Conrart, ami et élève de Malherbe, mort cette année même, à l'école duquel se rattacha ainsi l'Académie française, le « beau Ténébreux de l'hôtel de Rambouillet, tout fier encore du succès de son roman d'*Endymion* (1624) et de sa pastorale d'*Amaranthe* (1631), et Chapelain, que sa *Lettre* sur l'*Adone*, de Marini, avait en un jour rendu illustre (1623).

Le premier noyau de la société Conrart grossit bien

vite. En 1630, Faret, né avec le siècle, et qui a déjà publié une *Histoire des Ottomans* (1621), vient de faire imprimer son *Honnête homme* (1630). « Ayant obtenu, dit Pellisson, de se trouver à une de leurs conférences, il y apporta un exemplaire de son livre, qu'il leur donna. Il s'en retourna avec satisfaction, tant des avis qu'il reçut d'eux sur cet ouvrage, que de tout ce qui se passa dans le reste de la conversation. » Peu après, vint Saint-Amant, amené par lui; Saint-Amant qui, en 1627, a publié son premier volume de poésies, et donnera en 1653 son poème de *Moïse*, trop ridiculisé par Boileau. Desmarets de Saint-Sorlin, qui a trente-cinq ans, un an de moins que Saint-Amant, et qui n'a encore rien publié, « y alla plusieurs fois et y lut le premier volume de son roman d'*Ariane* » (1632).

Le maître du logis, grave, fervent protestant, que la prise de la Rochelle (1628) vient d'attrister, de mœurs bourgeoises et un peu parlementaires, a cependant de l'amabilité et de la douceur. A cette date, il faut se le représenter non pas vieilli et chagrin, comme dans la gravure de Cossin d'après Lefèvre, mais tel que nous le montre un portrait du musée de Versailles, daté de 1635. « La figure, dit M. Bourgoin, le dernier biographe de Conrart, est maigre, étroite, resserrée par une ample chevelure; le front s'enfuit assez vite sous le triangle formé par la première ligne des cheveux, qui ondulent de chaque côté de la raie; le nez est long; les yeux, bien ouverts, non enfoncés; l'arcade des sourcils, mince. Deux filets de moustache laissent à découvert une bouche nettement des-

Fig. 9. — Frontispice des Œuvres poétiques de Desmarets, gravé par La Belle, 1641.

sinée; le menton est anguleux; les joues, creuses. Un col blanc avec glands et un simple pourpoint noir à boutons, de belle étoffe, font ressortir la peau mate du visage. L'expression a de la dignité, de la réserve et de la distinction... Conrart a quelque chose de ferme, d'austère, de triste même. C'est le portrait d'un contemporain de Louis XIII, d'un malade, d'un protestant. »

Afin de jouir d'une plus grande liberté, les amis de Conrart s'étaient promis de ne parler à personne de leurs réunions. Le premier qui rompit le silence fut Malleville, au profit de Faret, qui en parla lui-même à Desmarets et à Bois-Robert. Celui-ci, « voyant que ce n'était pas là un commerce de compliments et de flatteries, mais qu'on y reprenait franchement et hardiment toutes les fautes, jusqu'aux moindres, en fut rempli de joie et d'admiration. » Bois-Robert, qui venait de faire jouer sa tragi-comédie *Pyrandre et Lisimène* (1633), était le favori et le commensal de Richelieu, l'un des cinq auteurs qui travaillèrent aux tragédies que le cardinal-ministre se piquait de composer. Son crédit auprès de lui était d'autant plus grand, qu'il savait amuser le politique que les affaires assombrissaient souvent. « Monseigneur, disait un jour au cardinal son médecin Citois, nous ferons tout ce que nous pourrons pour votre santé; mais toutes nos drogues sont inutiles, si vous n'y mêlez pas un peu de Bois-Robert. »

Bois-Robert parla avec enthousiasme à Richelieu du cercle de Conrart. De cette conversation sortit l'Académie française. « Dans ses entretiens familiers, raconte

Pellisson, M. de Bois-Robert, qui l'entretenoit de tout, ne manqua pas de lui faire un récit avantageux de la petite assemblée qu'il avoit vue, et des personnes qui la composoient; et le cardinal, qui avoit l'esprit naturellement porté aux grandes choses, qui aimoit surtout la langue françoise, en laquelle il écrivoit lui-même fort bien, après avoir loué ce dessein, demanda à M. de Bois-Robert si ces personnes ne voudroient point faire un corps et s'assembler régulièrement, et sous une autorité publique. M. de Bois-Robert ayant répondu qu'à son avis cette proposition seroit reçue avec joie, il lui commanda de la faire, et d'offrir à ces messieurs sa protection pour la Compagnie qu'il feroit établir par lettres patentes, et à chacun d'eux en particulier son affection, qu'il leur témoigneroit en toutes rencontres. »

Cela se passait en 1634, et le cercle de Conrart avait déjà cinq ou six ans d'existence. A cette date, le cardinal de Richelieu était à l'apogée de sa puissance. Depuis onze ans qu'il gouvernait la France, il avait réprimé deux révoltes des huguenots, affermi en Italie l'influence française contre celle de l'Autriche, en assurant à un de nos alliés la succession de Mantoue, pris une part importante dans les affaires d'Allemagne en aidant de ses subsides Gustave-Adolphe, complété l'unité française à l'intérieur par l'abaissement des grands seigneurs, dont les complots furent sanglantement réprimés en la personne du prince de Chalais et du duc de Montmorency. Mais la puissance de Richelieu ne s'était pas établie sans exciter contre lui bien des haines, qui se manifestaient par des pamphlets; on remarquait surtout ceux de Mathieu de Morgues, abbé de Saint-Germain, qui, réfugié à Bruxelles et pensionné par Gaston d'Orléans et Marie de Médicis, en inondait Paris. Peut-être, comme on l'a dit,

Fig. 16. — Scène de *Mirame*, d'après La Balle. (Grav. du XVIIe siècle.)

la pensée de se créer de précieux alliés littéraires dans les membres de la nouvelle Académie, ne fut-elle pas absolument étrangère au cardinal. Mais il en eut certainement aussi de plus hautes et de plus nobles, quand il dota la France de cette institution. Il semble même assez peu vraisemblable qu'il voulût, comme a dit Grimm,

« lier l'intérêt des lettres à celui de l'autorité et de retenir l'ambition littéraire dans une espèce de chaîne, semblable à celle qui attache les grands aux honneurs de la cour. » Il est plus naturel de penser que Richelieu songea surtout à la gloire des lettres et au perfectionnement de la langue française. Richelieu était bien de son temps par son goût pour les choses de l'esprit, pour les belles conversations, pour les ingénieux débats dans les livres et sur la scène. Ne l'oublions pas, Richelieu fut un auteur, malheureux sans doute, si nous ne considérons que sa *Mirame*, mais qui a du mérite comme théologien et comme auteur de mémoires. Il considérait un peu les écrivains comme ses confrères, et, à ce titre, s'intéressait vraiment à eux. L'unification de la langue, qui devait résulter de l'établissement de la nouvelle Académie, était le complément de l'unification du royaume à laquelle il travaillait. Il ne faut pas perdre de vue non plus ce que fit Richelieu pour les lettres, les sciences et les arts. L'Académie n'est qu'une partie de cet ensemble glorieux. Il rebâtit magnifiquement la Sorbonne, établit l'imprimerie royale, soutint la *Gazette* de Renaudot. Il fut le protecteur éclairé du peintre Simon Vouet et de l'école formée par lui; il rappela de Rome et combla d'honneurs le Poussin. Il ornait de tableaux, de statues, de livres magnifiques le palais Cardinal, qu'il avait fait construire. Il créait le Jardin des Plantes. La fondation de l'Académie avait sa place marquée dans la conception de ce plan magnifique.

Les ouvertures faites par le tout puissant ministre, et

transmises par Bois-Robert furent, il faut le dire, assez
froidement accueillies par Conrart et ses amis. Nous
avons vu comme l'indépendance leur était chère, et ils
craignaient de la perdre sous un pareil protecteur. « A
peine, dit Pellisson, y eût-il aucun de ces messieurs qui
n'en témoignât du déplaisir, et ne regrettât que l'honneur
qu'on leur faisoit, vint troubler la douceur et la familiarité de leurs conférences. » Il ne faut pas oublier non plus
que Conrart et Gombauld, comme protestants, devaient
avoir peu de goût pour Richelieu, qui avait porté de si terri-
bles coups à leurs coreligionnaires. Ce dernier avait été, de
plus, fort attaché à Marie de Médicis, si rigoureusement
traitée par le cardinal, et vivant, depuis 1630, en exil
dans les Pays-Bas. Deux autres membres de la compagnie,
MM. de Serizay et de Malleville, appartenaient, celui-là
comme intendant, celui-ci comme secrétaire, à la maison
du duc de La Rochefoucauld et du maréchal de Bassompierre, ennemis personnels de Richelieu, qui avait em-
prisonné l'un à la Bastille et forcé l'autre à se retirer dans
ses terres de Poitou. Aussi MM. de Serizay et Malleville
furent-ils d'avis de décliner les offres de Richelieu et
« n'oublièrent rien pour persuader à la compagnie ce
qu'ils désiroient ». Cependant, on suivit l'opinion de Chapelain, qui parla en faveur de l'acceptation. Après l'avoir
entendu, on redouta un peu plus les suites fâcheuses
qu'aurait un refus, et un peu moins les conséquences de
la protection du cardinal. Richelieu, en effet, était connu
pour ses civilités aux gens de lettres. Par exemple, il « ne

voulut jamais, raconte Bois-Robert, se couvrir, parce que Gombauld voulait demeurer tête nue, et mettant son chapeau sur la table, il dit : « Nous nous incommoderons l'un et l'autre. »

Il fut arrêté que « M. de Bois-Robert seroit prié de remercier très humblement M. le cardinal de l'honneur qu'il leur faisoit et de l'assurer qu'encore qu'ils n'eussent jamais eu une si haute pensée et qu'ils fussent fort surpris du dessein de Son Éminence, ils étoient tous résolus de suivre ses volontés. »

Désormais, l'histoire du modeste cercle de Conrart est finie; celle de l'Académie française commence.

Richelieu reçut cette réponse « avec grande satisfaction ». Sans exercer aucune contrainte, sur les résolutions ultérieures des futurs académiciens, il commanda à Bois-Robert de leur dire qu'il s'assemblassent comme de coutume, et qu'après avoir augmenté leur compagnie, ils avisassent entre eux quelle forme et quelles lois il serait bon de lui donner à l'avenir. C'était en somme à la compagnie qu'il appartenait de se constituer elle-même.

A cette époque, Conrart était absent de Paris. Le 22 février 1634, il avait épousé sa cousine germaine, Madeleine Muisson, et était allé habiter quelque temps Jonquière, petite ville d'eau, située dans le département de l'Oise. En son absence, les académiciens se réunissaient chez Desmarets, à l'hôtel Pellevé, rue du Roi-de-Sicile, au coin de la rue Tison. C'est là que s'élaborèrent les statuts de l'Académie, et que furent prises les premières mesures pour sa fondation. « Afin de donner quelque ordre et quelque forme aux assemblées, on résolut de créer d'abord trois officiers, un Directeur et un Chancelier, qui seroient changés de temps en temps, et un Secrétaire, qui seroit perpétuel : les deux premiers par le sort et le dernier par les suffrages de l'Assemblée. » Conrart, qui était encore absent, fut élu secrétaire perpétuel, d'un commun accord, et ainsi s'établit tout d'abord la règle que ces fonctions ne pouvaient être sollicitées. Le directeur fut M. de Serizay, ce même commensal du duc de La Rochefoucauld, qui avait opiné pour le maintien de la compagnie comme société indépendante; et le chancelier, Desmarets, un ami du cardinal. Ainsi était maintenue la balance entre les amis déclarés de Richelieu et ceux qui l'étaient moins.

D'après les statuts, qui furent approuvés quelques mois plus tard, le Directeur et le Chancelier devaient être changés tous les deux mois; mais on prolongea plusieurs fois ce terme, d'un commun consentement. Serizay et Desmarets exercèrent ces charges près de quatre années consécutives, depuis le projet de la fondation de l'Académie, en 1634, jusqu'à son entier établissement, en juillet 1637. Ce fut le seul exemple d'une aussi longue prolongation d'offices dans l'histoire de l'Académie.

A partir du 13 mars 1634, Conrart, de retour à Paris, commença à tenir registre des actes et des paroles de la compagnie.

La seconde résolution prise par elle fut d'augmenter le

nombre de ses membres. Aux douze qu'elle possédait déjà elle en adjoignit treize : Paul Hay du Chastelet, Bautru, comte de Serrant, celui-ci diplomate, celui-là administrateur, Jean de Silhon, un écrivain politique, défenseur du cardinal, Sirmond, François Maynard, l'abbé de Bourzeys, de Meziriac, de Gomberville, de Colomby, Porchères d'Arbaud, Jean Baudoin, Colletet, Claude de l'Estoile, tous plus ou moins hommes de lettres, et plusieurs habitués de l'hôtel de Rambouillet.

Ces choix, d'ailleurs, n'étaient pas pour déplaire au cardinal. Déjà Desmarets et Bois-Robert étaient ses favoris. Parmi les nouveaux admis, Godeau lui avait adressé une ode, Bautru était un de ses plus intimes familiers, Colletet et l'Estoile figuraient parmi ses « cinq auteurs » dramatiques en titre; du Chastelet, maître des requêtes, et Silhon, auteur d'un *Panégyrique de Richelieu* (1630), répondaient d'ordinaire aux pamphlets de l'abbé de Saint-Germain; le jeune abbé de Bourzeys, né en 1606, était son collaborateur dans des ouvrages théologiques. Maynard, de Porchères d'Arbaud, François de Cauvigny de Colomby étaient élèves, le dernier même parent, de Malherbe, dont l'ombre glorieuse présida ainsi au premier recrutement de l'Académie; Gomberville, auteur de *la Caritée* (1621) et de *Polexandre* (1632), était un rival de d'Urfé; Bachet de Meziriac, un esprit encyclopédique, poète, mathématicien, traduisant en vers les épîtres d'Ovide et, à côté de cela, écrivant des *Problèmes* sur les nombres; Jean Baudoin, né en 1584, ancien lecteur de la reine

Marguerite, première femme d'Henri IV, un laborieux écrivain dont le poème de début, *les Larmes d'Héraclite*, remontait à 1609, l'aîné maintenant de la compagnie, si l'on en excepte Maynard, né en 1582, mais qui ne résidait pas à Paris.

Portée ainsi à vingt-cinq membres, la compagnie commença, sans plus tarder, à travailler à l'établissement de ses statuts : elle y employa dix mois, du commencement de mars 1634, à la fin de l'année. Le 20 mars, elle adopta le nom d'*Académie Française*. On avait d'abord pensé à ceux d'Académie des beaux esprits, d'Académie de l'Éloquence, d'Académie éminente, peut-être par allusion à son fondateur, l'Éminence rouge. Le nom d'Académie française avait été proposé par le cardinal, et c'était évidemment le meilleur qu'on pût choisir. Faret fut ensuite chargé de faire un discours qui, contenant comme le projet de l'Académie, pût servir de préface aux statuts, et Serizay, directeur, de composer une lettre au cardinal, pour le prier « d'honorer la compagnie de sa protection. » Le 22 mars, cette lettre, ainsi que le projet de Faret, furent présentés à Richelieu. Il se les fit « lire deux fois, l'une par le cardinal de La Valette, l'autre par M. de Bois-Robert », et répondit « qu'il savoit gré à la compagnie de ce qu'elle lui demandoit sa protection, et qu'il la lui accordoit de bon cœur ». Il fit ensuite quelques remarques sur divers points des statuts qu'il « jugeoit devoir être corrigés ».

Ce discours de Faret, dont Pellisson nous a donné la

substance, définissait d'abord ce qu'on appela plus tard un *sujet académique*. « Il ne suffisoit pas, disait-il, d'avoir une grande et profonde connoissance des sciences, ni une facilité de parler agréablement en conversation, ni une imagination vive et prompte, capable de beaucoup inventer ; mais il falloit comme un génie particulier et une lumière naturelle, capables de juger de ce qu'il y avoit de plus fin et de plus caché dans l'éloquence; qu'il falloit enfin comme un mélange de toutes ces autres qualités en un tempérament égal, assujetties sous la loi de l'entendement et sous un jugement solide. »

Quant à l'objet que devait se proposer l'Académie, c'était d'abord l'épuration de la langue. Ses fonctions, ajoutait-il, seraient de « nettoyer la langue des ordures qu'elle avoit contractées, ou dans la bouche du peuple, ou dans la foule du Palais et dans les impuretés de la chicane, ou par les mauvais usages des courtisans ignorants, ou par l'abus de ceux qui la corrompoient en l'écrivant, et de ceux qui disent bien dans les chaires ce qu'il faut dire, mais autrement qu'il ne faut ». Il proposait enfin, comme moyen d'obtenir ce résultat, « l'examen » que les Académiciens feraient « de leurs propres ouvrages ». L'Académie « examineroit sérieusement le sujet et les manières de le traiter, les arguments, le style, le nombre, et chaque mot en particulier. »

C'était, comme on le voit, à peu près le maintien des habitudes de critique mutuelle qui avaient distingué le cercle de Conrart. Le discours-programme de Faret, sur les

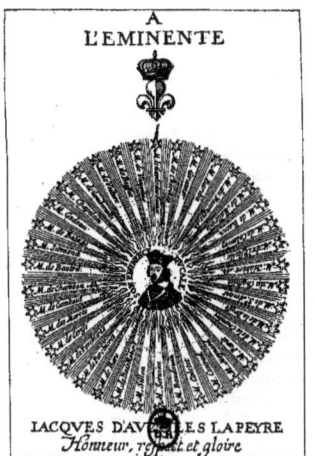

Fig. 11. — Estampe allégorique représentant Richelieu dans une gloire, dont chaque rayon porte le nom d'un Académicien (Biblioth. nationale).

observations du cardinal, avait été renvoyé à une commission, dont firent partie Sirmond et Silhon tout d'abord, puis Chapelain, Godeau, Habert et Desmarets. Trente copies en furent même imprimées et distribuées à tous les académiciens, pour y consigner leurs remarques. Présenté une seconde fois à Richelieu, ce discours fut, de sa part, l'objet de quelques « apostilles, qui ne regardoient que la forme et les expressions » (15 nov. 1634). Si l'on pouvait douter de la passion pour les lettres qui anima le cardinal lors de la fondation de l'Académie, on en trouverait la preuve dans la conduite qu'il tint en cette circonstance : c'est l'écrivain raffiné, précieux même, qui apparaît ici, bien plus que le politique et le ministre.

Dès le 20 mars, Chapelain avait proposé la confection, par l'Académie, d'un « ample dictionnaire et d'une grammaire fort exacte », et même plus tard d'une « Rhétorique et d'une Poétique, pour servir de règle à ceux qui voudroient écrire en vers et en prose ». Une commission, composée de Bourzeys, Gombauld et Gomberville, fut nommée à cet effet.

Mais l'affaire principale, à ce moment, était la rédaction des statuts et des lettres patentes. Hay du Chastelet en avait été chargé dès le 27 mars, et il en conféra avec Bourzeys, Gombauld et Gomberville. D'autres académiciens, Faret, Chapelain, Conrart, Sirmond, Colletet, Baudoin, fournirent encore des mémoires à ce sujet. Sirmond, par exemple, voulait que les académiciens s'obligeassent « par serment à employer les mots approuvés par la pluralité des voix de l'Assemblée » ; Gombauld, un protestant, que chacun fut tenu tous les ans de lire une pièce à la louange de Dieu ». De toutes ces opinions, trois commissaires, du Chastelet, Chapelain, Faret et Gombauld, composèrent un ensemble, que rédigea Conrart comme secrétaire perpétuel, aussi bien que les lettres patentes.

Après une dernière revision, de concert avec du Chastelet, de Serizay et Habert de Cerisy, ces lettres patentes furent signées, le 25 janvier 1635, par le garde des sceaux Seguier, qui, depuis dix-sept jours, faisait lui-même partie de la compagnie, où il avait sollicité d'être admis.

Ainsi avait déjà fait Abel Servien (13 mars 1634), secrétaire d'État de la guerre, et négociateur du traité de Cherasco. Avec lui commença la série des ministres académiciens. L'Académie, « se tenant pour honorée de la prière de M. Servien, » avait résolu qu'il en serait remercié. Les académiciens se trouvaient alors au nombre de trente-six, par l'admission de neuf nouveaux membres dans la compagnie : Voiture, l'oracle de l'hôtel de Rambouillet; Balzac, le célèbre épistolaire; Vaugelas, le renommé grammairien, traducteur de Quinte-Curce; Saint-Amant, le futur auteur de *Moïse;* Racan, un autre élève de Malherbe, l'auteur des *Bergeries;* Bardin, qui, dans *le Lycée* (1633), avait traité en philosophe des « connaissances, des actions et des plaisirs d'un honnête homme »; de Boissat, un moraliste; de La Chambre, un médecin.

D'après les lettres patentes, l'Académie devait être composée de quarante membres. Il lui était accordé un sceau spécial, dont « la marque et l'inscription » seraient approuvées, ainsi que les statuts de la compagnie, par le cardinal de Richelieu. Enfin, les académiciens recevaient le privilège ou droit de *Committimus*, qui les autorisait à faire juger tous leurs procès par le Parlement de Paris, pour « leur éviter la peine d'aller solliciter sur les lieux les causes qu'ils pourroient avoir dans les provinces ». Ce fut dans son château de Rueil, le 22 février, que Richelieu apposa sa signature à ces lettres patentes et aux statuts, qui lui avaient été apportés par les trois officiers de l'Académie. A la harangue du Directeur, M. de Serizay, Richelieu répondit « avec tant de grâce, de civilité, de majesté, qu'il ravit en admiration tous ceux qui étoient présents ». Auparavant, il avait fait rayer l'article des statuts portant que « chacun des académiciens promettoit de révérer la vertu et la mémoire » du Protecteur.

Tout n'était pas fini, cependant : il restait à faire enregistrer au Parlement les lettres patentes. Ce ne fut pas chose facile. La compagnie se heurta aux mêmes difficultés qu'avait rencontrées l'Académie des Valois. Il fallut batailler pendant dix-huit mois. Nonobstant une lettre adressée au premier président Le Jay par Richelieu lui-même, et les conclusions favorables données par le procureur général Molé et le conseiller Savarre, rapporteur, ce fut seulement sur la menace de porter l'affaire au Grand Conseil que, le 10 juillet 1637, le Parlement procéda à l'enregistrement, et encore sous la condition que, « ceux de la dite Assemblée et Académie ne connoitroient que de l'ornement et augmentation de la langue françoise, et des livres qui seroient par eux faits, et par autres personnes qui le désireront et voudront ».

Fig. 12. — Vincent Voiture, d'après Desrochers. XVIIIᵉ siècle.

Le Parlement craignait que l'Académie n'empiétât sur ses attributions relatives à la librairie, comme on disait alors, à la presse, comme on dirait aujourd'hui. C'était, sans doute, une appréhension chimérique. Cependant, il fut peut-être heureux pour l'Académie qu'elle n'ait pu s'arroger un pouvoir de critique sur tout le monde littéraire, et que l'on ait limité « le nombre de ses justiciables » à ceux qui « désireraient et voudraient » l'être.

L'affaire du *Cid* le prouvera bientôt.

Les statuts de 1636 ont été la charte de l'Académie jusqu'à sa suppression en 1790, charte, il est vrai, souvent modifiée. Il importe donc d'en connaître les principales dispositions originaires.

L'article premier portait : « Personne ne sera reçu dans l'Académie qui ne soit agréable à M. le Protecteur, et qui ne soit de bonnes mœurs et de bonne réputation, de bon esprit, et propre aux fonctions académiques. »

Viennent ensuite les dispositions suivantes :

« L'Académie a trois officiers : le Secrétaire perpétuel, le Directeur, le Chancelier. Elle doit être présidée par le Directeur, en son absence par le Chancelier, et subsidiairement par le Secrétaire. — Elle a un sceau, portant en exergue le nom du cardinal de Richelieu, et une couronne de laurier avec ces mots : A L'IMMORTALITÉ. — Elle ne peut recevoir ni destituer un Académicien, si elle n'est assemblée au nombre de 20 membres au moins, et à une majorité de quatre voix. — Ses assemblées ont lieu, à l'ordinaire, tous les lundis. Les étrangers ne peuvent être admis à ses assemblées ordinaires, ni extraordinaires, pour quelque cause ou prétexte que ce soit. — Il n'y sera mis en délibération aucune matière concernant la religion. — Celles politiques ne seront traitées que conformément à l'autorité du Prince, à l'état du gouvernement et lois du royaume. — La principale fonction de l'Académie sera de travailler à donner des règles certaines à notre langue et la rendre pure, éloquente et capable de traiter les arts et les sciences. — Il sera composé un Dictionnaire, une Grammaire, une Rhétorique et une Poétique. — Chaque jour d'assemblée ordinaire, un des Académiciens fera un discours en prose, d'un quart d'heure ou d'une demi-heure au plus. — Les règles qui seront faites par elle sur le langage et sur l'orthographe seront suivies par tous les membres de la compagnie. — L'Académie se choisira un imprimeur. »

L'Académie française, depuis l'offre de Richelieu jusqu'à l'enregistrement de ses lettres patentes par le Parlement, avait mis deux ans et demi à se fonder.

CHAPITRE III.

PROTECTORATS DE RICHELIEU ET DE SEGUIER.

(1637-1642 — 1642-1672).

L'Académie était fondée, mais elle était loin encore de posséder cette majesté sereine et cette autorité qu'on lui a vues plus tard. La douce tranquillité, dont elle avait joui tant qu'elle n'était qu'une assemblée d'amis lettrés se réunissant chez Conrart, était finie pour elle. Sa nouvelle grandeur lui attira des envieux; peut-être aussi ses premiers choix prêtèrent-ils à la critique. Ce qui est certain, c'est que les attaques ne lui manquèrent pas.

Les treize académiciens, qui y avaient été introduits en bloc aussitôt après l'acceptation des ouvertures de Richelieu, étaient appelés les *Enfants de la pitié de Bois-Robert*. L'abbé de Saint-Germain, englobant l'Académie dans la haine qu'il portait à son fondateur, se raillait cruellement de cette « volière de *Psaphon*, dont les oiseaux n'avaient été mis en cage que pour apprendre à répéter : « Psaphon est un grand dieu! » Le conseiller Scarron, père du poëte qui créa le genre burlesque en France, avait dit, lorsque son tour était venu d'opiner sur l'enregistrement des lettres patentes, que s'occuper d'un si frivole objet, c'était ressembler au sénat de Tibère délibérant sur la sauce d'un turbot. Parmi les académiciens eux-mêmes, tous n'avaient pas le même respect pour le corps dont ils faisaient partie, ou pour leurs confrères. Malleville, le secrétaire de Bassompierre, et par cela même, disposé à s'attaquer aux amis du cardinal, décochait ce rondeau malin à Bois-Robert :

> Coiffé d'un froc bien rafiné
> Et revêtu d'un doyenné
> Qui lui rapporte de quoi frire,
> Frère René devient messire
> Et vit comme un déterminé.
> Un prélat, riche et fortuné,
> Sous un bonnet enluminé,
> En est, s'il faut ainsi dire,
>   Coiffé.
>
> Ce n'est pas que frère René
> D'aucun mérite soit orné,
> Qu'il soit docte, qu'il sache écrire,
> Ni qu'il dise le mot pour rire,
> Mais c'est seulement qu'il est né
>   Coiffé.

Saint-Amant, avant que Boileau se moque de lui, commence par se moquer de ses confrères :

> Vous feriez bien mieux de vous taire,
> Messieurs les doctes imprudents,
> Que de clabauder en pédants
> Sur des vétilles de grammaire.

Balzac, qui vit loin Paris, dans son petit castel de l'Angoumois, trouve très mauvais les choix qu'on a faits, et prétend presque qu'on l'a nommé académicien par surprise. « Je voudrais, écrit-il le 30 septembre 1634 à Chapelain, que quelques autres ne fussent pas de l'Académie, ou, pour le moins, qu'ils n'eussent pas de voix délibérative. Ce serait assez qu'ils se contentassent de donner des sièges, de fermer et ouvrir les portes. Ils peuvent être de l'Académie, mais en qualité de bedeaux ou de frères lais. Il faut qu'ils fassent partie de votre corps, comme les huissiers font partie du parlement. » Chapelain lui-même, si calme, si réservé d'ordinaire, s'associait quelquefois aux critiques de son ami.

La calomnie s'en mêlant, et quoique les académiciens ne reçussent aucune pension, le bruit se répandit que Richelieu avait retranché 80,000 livres de l'argent des boues de Paris, pour leur donner 2,000 livres de pension à chacun. Comme ils étaient chargés exclusivement de prononcer sur la bonté des mots et des expressions, il s'en fallut de peu qu'ils ne passassent auprès du peuple pour des monopoleurs. Un certain marchand de Paris avait, raconte-t-on, fait déjà le prix d'une maison assez commode pour lui dans la rue des Cinq-

Diamants, où logeait Chapelain, chez lequel l'Académie s'assemblait alors. Il remarqua qu'à certains jours il y avait un grand concours de carrosses; il en demanda la cause et l'apprit; aussitôt, il rompit le marché, sans en donner aucune raison, sinon qu'il ne voulait pas se loger dans une rue où se faisait, toutes les semaines, une *cadémie* (sic) *de monopoleurs*.

Lorsque l'Académie avait été définitivement fondée, le nombre de quarante, qu'elle devait atteindre, n'était pas encore complété. Il ne le fut qu'en avril 1639, environ six ans après son établissement, par l'élection de Daniel de Priézac. Dans l'intervalle avaient été successivement admis, Laugier de Porchères, alors âgé de soixante-huit ans, connu par des vers publiés dans les recueils du temps; un médecin, Marin Cureau de la Chambre, ami et commensal de Seguier; Habert de Moutmor, cousin germain des deux Habert, maître des requêtes, grand ami de Gassendi, qu'il logeait chez lui et dont il publia plus tard les œuvres, tous trois à la fin de décembre; Daniel Hay, abbé de Chambon, que son frère pria l'Académie de « vouloir bien admettre »; et Granier de Mauléon, au commencement de l'année suivante.

Cette dernière élection fut l'objet d'un assez vif désagrément pour l'Académie. Né en Bresse, connu par la publication des Mémoires de Villeroy et de la reine Marguerite de Valois, mais surtout par une conversation agréable et une assemblée de savants et de lettrés qu'il

Fig. 12. — Richelieu, d'après le portrait de Ph. de Champagne, gravé par Nanteuil (1657).

tenait chez lui, cet écrivain avait été patroné auprès de la compagnie par Bois-Robert; il avait eu, cependant, trois voix contre lui. La suite prouva que l'on aurait mieux fait de ne le pas recevoir. Quelques mois plus tard, le 14 mai 1636, il fut « déposé d'une commune voix pour une mauvaise action ». Au dire de Furetière, « ce fut par ordre particulier du cardinal, parce qu'il avoit abusé du dépôt d'une somme considérable, que lui avoient confiée des religieuses ».

Sans porter atteinte à l'indépendance de l'Académie dans les élections, Richelieu ne laissa pas de faire connaître ses préférences ou ses répugnances, d'influer ainsi indirectement sur plusieurs élections. Si l'on considère que l'article 1ᵉʳ des statuts portait expressément « que personne ne pouvoit être nommé qui ne fust agréable à Mgr le Protecteur, » l'on trouvera que Richelieu usa avec une certaine modération de cette autorité qu'il avait sur l'Académie. Il est vrai qu'il témoigna son mécontentement de l'élection de Laugier de Porchères, attaché à Marguerite de Lorraine, princesse de Conti, très dévouée elle-même à Marie de Médicis; mais il n'alla pas plus loin, et repoussa l'offre que lui faisait l'Académie de « révoquer cette élection ».

Cet incident fut cependant l'occasion de deux nouveaux règlements, qui tout à la fois restreignaient le choix des académiciens et assuraient davantage l'indépendance de leurs votes. Par l'un, il fut décidé que « l'on ne recevroit plus d'académicien qui n'eût été présenté au cardinal et n'eût reçu son approbation »; par l'autre, que l'on opinerait sur les élections par billets et non plus de vive voix. Cureau de la Chambre et Habert de Montmor furent élus de cette façon, ainsi que Giry, avocat qui avait fait partie, au début, du cercle de Conrart, et que Richelieu désira voir entrer à l'Académie.

La mort de l'aîné des deux du Chastelet, et celle de Bardin, décédés le premier le 6 avril 1636, le second le 22 septembre 1637, ouvrirent pour la première fois la succession académique. Les élections de Nicolas Bourbon et de Perrot d'Ablancourt, qui leur furent donnés pour remplaçants, furent en réalité les premières auxquelles ce nom convienne. Jusque là, il y avait eu plutôt des fournées, des admissions, que de véritables élections. Nicolas Bourbon était plus célèbre pour ses poésies latines que par ses compositions françaises; aussi ce choix fut-il assez mal accueilli, même dans l'Académie, où Balzac, toujours frondeur, prétendait que les lettres françaises de Bourbon étaient « écrites du style des bardes et des druides ». D'Ablancourt, traducteur célèbre de Lucien et de Xénophon, a attaché son nom à ce genre de traductions, plus *élégantes* qu'exactes, que l'on a appelées *les Belles infidèles*. Deux autres décès académiques, ceux de Philippe Habert, en 1637, et de Bachet de Meziriac, le 25 février 1638, donnèrent lieu aux élections de l'abbé Esprit, habitué de l'hôtel de Rambouillet, l'*Erimante* du *Dictionnaire des Précieuses*, et à celle de La Mothe le Vayer, substitut du procureur-général au par-

Fig. 14. — Olivier Patru, d'après J. Lubin. XVIIe siècle.

lement de Paris. L'abbé Esprit n'avait que vingt-huit ans; c'est sur lui que son confrère Voiture — car c'est merveilleux comme on se déchirait dès lors entre académiciens — a fait ces vers :

> Car, s'il vous faut parler avec franchise,
> Quoique sur votre esprit on subtilise,
> On vous connoit, et vous n'êtes qu'un sot
> En bon françois.

Il était protégé par le chancelier Seguier, auquel il avait été présenté par l'abbé de Cerisy. Nouveau Mécène, ce haut personnage le logeait et le nourrissait dans son hôtel, avec 500 écus de pension en plus. La dernière élection qui précéda la mort de Richelieu fut celle de Patru, le célèbre avocat (3 septembre 1640). C'était le troisième que possédait la compagnie et, comme le premier Giry, il avait été appuyé par le cardinal, tout à fait ravi de l'épître dédicatoire qu'il avait écrite pour *le Nouveau Monde*, du géographe flamand Jean de Laët. Cette élection doit être remarquée, non seulement pour le mérite de l'élu, mais encore pour l'innovation à laquelle elle donna lieu. C'est à Patru qu'est dû l'usage des discours de réception, qui s'introduisit à l'Académie à partir de cette époque. « Patru prononça, raconte d'Olivet, un fort beau remerciement, dont on demeura si satisfait, qu'on a obligé tous ceux qui ont été reçus depuis d'en faire autant. »

Dans ces premières années de l'Académie, si l'on n'y connaissait pas encore les discours de réception, on y tenait des conférences sur un sujet choisi, comme dans l'Académie de Baïf et de Pibrac. Suivant l'ordre d'un tableau qui avait été déterminé par le sort, chacun était « obligé de faire, à son tour, un discours sur telle matière convenue, mais de telle longueur qu'il lui plaisoit. » Le premier de ces discours fut prononcé par M. du Chastelet *sur l'Éloquence française*, le 5 février 1635 ; le dernier, le 10 mars 1636, *sur l'Amour des sciences*, par Porchères d'Arbaud. Dix-huit autres avaient eu lieu dans l'intervalle, parmi lesquels nous remarquerons celui de Racan, un poète, *contre les Sciences*, et ceux de Chapelain, *contre l'Amour*, de Desmarets *sur l'Amour des esprits*, et de Boissat *sur l'Amour des corps*, sujets qui se sentaient des discussions galantes que l'on agitait alors dans les ruelles, chez Mlle de Scudéry ou chez la marquise de Rambouillet. Bardin, de Meziriac, et même Bois-Robert se rapprochèrent davantage du but que s'était proposé l'Académie, en traitant du *Style philosophique*, de la *Traduction*, et de la *Défense du Théâtre*. Deux académiciens se dispensèrent de cette obligation : Balzac, en place de discours, envoya, de la province, quelques ouvrages de sa façon, et Saint-Amant se chargea, par compensation, de rédiger « la partie comique » du Dictionnaire. Quant à Serizay, il se fit remplacer par Porchères-Laugier.

Ces commencements de l'Académie ne donnèrent pas

l'idée de ce qu'elle devait être par la suite. Le zèle sembla d'abord manquer aux premiers académiciens. Le 21 août 1634, Chapelain, l'un des plus zélés de la compagnie, écrivait à son ami Conrart : « L'Académie est réduite au petit pied, et, si l'influence dure, il y a apparence qu'elle sera réduite à néant ; les trois dernières assemblées se sont passées sans rien faire, et, si celle que nous allons tenir tantost est de mesme, il lui faudra changer de nom et l'appeler l'Académie des Fainéants. »

Mais ce ne fut qu'un court moment d'hésitation. Les choses prennent bientôt un meilleur air, et Chapelain se sent plus de confiance. Écrivant au poète Maynard, il lui dit au sujet de la nouvelle compagnie : « Il seroit long de vous déduire sa forme et ce qui s'est passé depuis son institution. Ce qui la rend considérable est l'approbation de Mgr le Cardinal et le mérite de ceux dont elle est composée. Le reste qu'on s'en est promis pourra estre et pourra aussi n'estre pas. Quand il n'y auroit autre avantage qu'une fois la semaine on se voit avec ses amis en un réduit plein d'honneur, je ne croirois pas que ce fust une chose de petite consolation et d'utilité médiocre. M. Racan est en cette ville, qui n'en manque point une seule séance, et confesse avec sa bonté ordinaire que les conférences qui s'y font ne luy sont point inutiles, quelque excellent (*habile*) homme qu'il soit. »

Les obstacles opposés par le Parlement refroidirent aussi, pour un moment, la ferveur des membres d'une compagnie que l'on pouvait craindre de voir finir presque aussitôt qu'elle était née. Le 31 mai 1637, Chapelain écrivait encore au sujet de l'Académie : « Elle languit à l'ordinaire; peu de gens s'y rendent aux jours réglés, et l'on n'y fait plus d'exercices de lettres. »

Vers le milieu de l'année 1636, l'Académie commençait aussi à se lasser de ces conférences d'éloquence, dont nous avons parlé. Elle les trouvait monotones et « tenant un peu des déclamations de la jeunesse », lorsque les circonstances, et surtout la volonté de Richelieu, l'amenèrent, pour la première fois, à faire usage des attributions de critique que lui conférait l'article 45 de ses statuts.

Au mois de novembre de cette même année, P. Corneille avait fait représenter *le Cid*, avec la fortune que l'on sait. Trois fois la pièce fut jouée à la cour; deux fois à l'hôtel de Richelieu. Naturellement, ce succès suscita à Corneille beaucoup d'envieux parmi ses confrères. Mairet l'attaqua dans une *Épître* familière; Scudéry publia des *Observations sur le Cid*, et le cardinal lui-même sentit peut-être se mêler un peu de jalousie de métier aux considérations plus élevées qui le portèrent à voir avec regret la cour et la ville applaudir à cette pièce, toute à la gloire de l'honneur castillan. « Quand *le Cid* parut, dit Fontenelle, le cardinal en fut aussi alarmé que s'il avoit vu les Espagnols devant Paris. » Un spectacle qui remplissait d'enthousiasme la jeune reine Anne d'Autriche, en lutte alors avec Richelieu, devait par cela même être fort désagréable à celui-ci. L'expression dont se sert Fontenelle autorise jusqu'à un certain point à dire, comme l'a fait M. Alexandre Dumas fils, dans son discours de réception, que la politique eut une grande part dans les sentiments de Richelieu contre *le Cid*.

Il est vrai que Tallemant des Réaux, un contemporain, a dit : « Le cardinal eut une jalousie enragée contre *le Cid*, à cause que les pièces des cinq auteurs n'avoient pas trop bien réussi. »

Quoi qu'il en soit, et bien que Corneille ait dédié sa pièce à Mme de Combalet, nièce du cardinal, lorsque Scudéry eut publié sa *Lettre à l'Illustre Académie*, dans laquelle il demandait que la docte compagnie s'érigeât en tribunal littéraire pour prononcer sur le différend qui s'était élevé entre Corneille et lui, Richelieu, inspirateur peut-être de la lettre, insista vivement auprès de l'Académie pour qu'elle acceptât cette mission. « Faites savoir à ces Messieurs, dit-il à l'un de ses familiers, que je le désire, et que je les aimerai comme ils m'aimeront. » L'Académie, peu soucieuse de se mêler à ce débat, avoit d'abord objecté que, d'après ses statuts, « elle ne pouvoit juger d'un ouvrage que du consentement et de la prière de l'auteur ». Corneille, pressé par Bois-Robert, ayant donné ce consentement, mais en ces termes qui conviennent bien à sa grande âme : « Puisque cela doit divertir Son Éminence, je n'ai rien à dire, » l'Académie dut alors se résigner à être juge entre Scudéry et l'auteur du *Cid*.

Le 16 juin 1637, trois commissaires, Chapelain, l'abbé

de Bourzeys et Desmarets, furent désignés pour examiner le *Cid* et les *Observations contre le Cid*. En réalité, ce fut Chapelain qui eut le principal rôle dans cette affaire. Il rédigea finalement les *Sentiments de l'Académie sur le Cid*, qui parurent au commencement de 1638. Ce travail n'avait pas duré moins de cinq mois. En effet, une première rédaction, où avaient été fondues les opinions des commissaires, ainsi que celles de Cerisy, Gombauld, Baro, l'Estoile, n'avait pas complètement satisfait le cardinal. Après l'avoir annotée lui-même, il l'avait renvoyée à l'Académie, « pour y jeter quelques poignées de fleurs ». La nouvelle rédaction, à laquelle avaient travaillé Serizay, l'abbé de Cerisy, Sirmond et Gombauld, ce dernier pour le style surtout, mécontenta également Richelieu, qui trouva que, cette fois, on y avait « apporté trop d'ornements et de fleurs ». Une troisième conférence avait été tenue à Charonne, entre lui et MM. de Bautru, Bois-Robert et Chapelain, qu'il « retint tout un temps par les glands » de son pourpoint, « comme on fait sans y penser quand on veut parler fortement à quelqu'un. » Sirmond avait été chargé alors de tout rédiger à nouveau. Mais le travail de Sirmond ne satisfit pas davantage Richelieu. Cette tâche laborieuse revint encore une fois à Chapelain, dont la rédaction fut enfin adoptée.

Le futur auteur de *la Pucelle* s'était tiré avec beaucoup d'habileté et de convenance de cette mission difficile. *Les Sentiments de l'Académie sur le Cid* sont une œuvre de critique remarquable pour l'époque, écrite dans un style

Fig. 18. — Pierre Corneille, d'après le tableau de C. Lebrun.

simple et ferme, qui contraste heureusement avec celui de Mairet, de Scudéry et des autres écrivains qui prirent parti dans ce débat fameux. « On n'a jamais jugé avec plus de goût », a dit Voltaire, peut-être un peu suspect quand il s'agit de Corneille. Théophile Gautier, qui ne saurait l'être, a écrit de son côté : « Cette critique juste, décente, honnête, lui fit et lui fait encore honneur. C'est certainement une des meilleures et des plus sensées qu'on ait faites ». Cependant, l'effet que cette sentence académique eut sur l'opinion des contemporains fut médiocre. Boileau, un académicien, l'a résumé dans ces beaux vers :

> En vain contre le *Cid* un ministre se ligue :
> Tout Paris pour Chimène a les yeux de Rodrigue.
> L'Académie en corps a beau le censurer,
> Le public révolté s'obstine à l'admirer.

Quant à Richelieu, les *Sentiments de l'Académie* le contentèrent fort peu. Cela ne doit pas surprendre de celui qui, sur le projet de critique, avait ainsi annoté un passage où étaient rappelées les contestations illustres auxquelles avaient donné lieu la *Jerusalem liberata* et le *Pastor Fido* de Tasse et de Guarini : « L'applaudissement et le blâme du *Cid* n'est qu'entre les doctes et les ignorants, au lieu que les contestations sur les autres deux pièces ont été entre les gens d'esprit. » La chute, éclatante de la tragédie de *Mirame*, qu'il fit jouer en 1639, au Palais Cardinal, avec une pompe extraordinaire, ne dut pas apaiser ce mécontentement. Il ne paraît pas toutefois que ni l'Académie, ni Chapelain s'en soient ressentis. Il en voulut même si peu à l'Académie, que, dans les derniers temps de sa vie, il songeait à lui confier la suprême direction d'un *Grand collège*, dont les professeurs auraient été choisis par elle dans toute l'Europe.

Lorsque le cardinal mourut, le 4 décembre 1642, l'Académie avait sept ans neuf mois et onze jours d'existence, depuis que son premier Protecteur avait signé les lettres patentes qui l'instituaient (22 février 1635). Dans cet intervalle, elle avait perdu déjà par décès cinq de ses membres : Bardin, Hay du Chastelet, Philippe Habert, tué au siège d'Emery, Meziriac et Porchères d'Arband.

Descartes, qui avait publié dès 1627 son célèbre *Discours de la méthode*, n'en était pas et n'en fut jamais.

Si l'on s'en rapporte à un discours académique de l'abbé Tallemant, la mort de Richelieu faillit être fatale à l'Académie, dont l'institution aurait été alors menacée. « Des troubles intestins, dit-il, dispersèrent les Muses et les effrayèrent ; Seguier seul les rassemble et les rassure. » Ce danger ne doit pas nous surprendre. Le Parlement était toujours hostile, et l'envie avait déjà créé à l'Académie beaucoup d'ennemis parmi les gens de lettres. Le caractère de l'institution était souvent méconnu, et donnait lieu aux plus étranges interprétations, même parmi les gens d'éducation et de condition. « Vous verrez, disait un jour, à propos de l'Académie, un M. Dubourg,

Fig. 16. — Georges de Scudéry, d'après Robert Nanteuil. XVIIᵉ siècle.

devant un gentilhomme venu de Paris, et devant Pellisson, qui a rapporté cette scène, vous verrez que cet homme (Richelieu) aura inventé quelque nouveau parti contre les procureurs et autres gens du Palais, pour les obliger ou à réformer leur style ou à financer. » M. Dubourg voulait plaisanter ; mais son interlocuteur prit la chose fort au sérieux, tant on était habitué à en entendre de semblables, et il se donna beaucoup de peine pour détromper M. Dubourg. Celui-ci n'en avait pas besoin, mais il continua à jouer son personnage, ajoutant que son procureur, à lui, serait certainement ruiné, car il était depuis trente ou quarante ans au Palais, et, lors même qu'il voulait faire un compliment, il lui échappait toujours quelques-uns de ces termes de chicane que condamnait l'Académie.

Pour se défendre contre ces dangers réels ou non, l'Académie voulut se donner un protecteur puissant. On songea tour à tour au cardinal Mazarin, qui avait hérité de la puissance de Richelieu, et continuait sa politique ; au chancelier Seguier ; au jeune duc d'Enghien, qui n'avait encore que vingt et un an, mais qui était déjà connu par son esprit et son amour pour les lettres, et s'illustrait un an plus tard par la victoire de Rocroy. Ce fut Seguier qui l'emporta. Ses amis, ses commensaux mêmes, étaient nombreux à l'Académie, qui d'ailleurs l'avait toujours eu en si haute estime qu'à l'origine elle avait voulu « le faire Protecteur avec le cardinal de Richelieu ». Le 9 décembre 1642, MM. Priézac, Chapelain et de Serizay se rendirent à son hôtel de la rue du Bouloy, pour le « supplier d'honorer la compagnie de sa protection ». Le chancelier accepta, mais en même temps il donna sa démission d'académicien, et fut remplacé par Claude Bazin de Bezons, avocat général au Grand Conseil.

Richelieu s'était contenté d'assigner une place à l'Académie dans un magnifique palais, qu'il avait projeté de construire pour les lettres et les sciences. Seguier alla plus loin : il voulut avoir effectivement l'Académie dans son hôtel, qui commença à être appelé le *Palais de Solon*. Cet hôtel Seguier, situé rue du Bouloy, avait été successivement habité par les plus grands personnages : la douairière de Condé, le comte de Soissons, le duc de Montpensier, le grand écuyer Roger de Bellegarde. Auparavant, l'Académie s'était réunie tour à tour, après le mariage de Conrart, chez Desmarets, chez Chapelain, rue des Cinq-Diamants ; chez Montmor, rue Sainte-Avoie, était revenue chez Chapelain et chez Desmarets, puis s'était transportée chez Gomberville, près Saint-Gervais, chez Conrart, chez Cerisy à l'hôtel Seguier, chez Bois-Robert à l'hôtel Mélusine.

Le chancelier Seguier fit dire à la compagnie qu'il « désiroit qu'à l'avenir elle s'assemblât chez lui, ce qu'elle a toujours fait depuis » jusqu'à sa mort. Les séances furent, en outre, transportées du lundi au samedi, puis au mardi, afin qu'il pût y assister plus commodément. Seguier ne logeait pas seulement chez lui l'Académie, il logeait encore les académiciens, du moins un certain

Fig. 17. — Pierre Séguier, chancelier de France, second protecteur de l'Académie française (1588-1672), d'après le portrait de Ch. Le Brun, gravé par Nanteuil.

nombre : La Chambre, l'abbé de Cerisy, l'abbé Esprit, Priézac. D'autres, Baudoin, Gombauld, Granier de Mauléon, Mezeray, reçurent de lui des pensions sur le sceau.

Cette sorte de commensalité de l'Académie vis-à-vis de son nouveau protecteur n'alla pas, certainement, sans quelques sacrifices d'indépendance. L'influence du chancelier se sentit dans les élections de Ballesdens, précepteur de son petit-fils, qui succéda à Malleville (1648) ; de ce petit-fils même, Armand du Cambout, marquis de Coislin, qui n'avait que dix-sept ans (1652), et avec lequel les grands seigneurs proprement dits commencèrent à entrer à l'Académie ; de l'abbé de Montigny (1670) devant lequel Charles Perrault, appuyé par Colbert, dut se retirer; de l'abbé Pierre Cureau de La Chambre (1670), dont le seul titre était d'être le fils de Marin de La Chambre, médecin du chancelier et académicien lui-même. Toutefois, à prendre dans leur ensemble les trente-neuf élections qui se firent sous son protectorat, l'on peut dire qu'elles furent suffisamment libres et honorables. Plus tard, Malesherbes a dit, dans son discours de réception : « Le chancelier Seguier n'attenta jamais à votre liberté; ce n'est pas un éloge médiocre pour un protecteur. » Était-ce, en effet, une atteinte à la liberté académique, si l'on se reporte aux mœurs du temps, à l'article 1ᵉʳ des statuts, et à l'usage où l'Académie était de s'assurer d'abord de l'agrément du protecteur, que ces cinq ou six élections de candidats agréables? « C'est une grâce que je demande à l'Académie, » avait dit Seguier, en présentant son petit-fils. Les formes, du moins, étaient sauves. Plus tard, et même de notre temps, des élections ont passé pour avoir été imposées, et avec moins de courtoisie. Aussi, Seguier fut-il, en dépit de quelques petits abus d'influence, fort apprécié, fort aimé de ses anciens confrères. « On lui rend ce témoignage, dit Pellisson, qu'il est impossible d'en user plus civilement qu'il ne fait avec tous les académiciens, et qu'il préside avec la même familiarité que pourroit faire un d'entre eux, jusqu'à prendre plaisir qu'on l'arrête, et qu'on l'interrompe, et à ne pas vouloir être traité de monseigneur. »

Les trente années du protectorat de Seguier virent élire Pierre Corneille (1647) qui, malgré *le Cid, Horace, Cinna, Polyeucte, la Mort de Pompée, le Menteur*, ces chefs-d'œuvre dont les deux derniers dataient déjà de 1642, avait été précédemment écarté pour faire place, en 1644 à un conseiller d'État, fort inconnu de la postérité, Salomon de Virelade ; et en 1646, à un poète dramatique très secondaire, Du Ryer, qui n'avait même pas encore donné *Scévole* (1647), la meilleure de ses tragédies ; l'historien Mezeray (1648), Pellisson (1652), Segrais, le poète pastoral (1662), Quinault (1670), avant l'apparition d'aucun des opéras qui l'ont rendu célèbre ; Perrault (1671), auquel on avait préféré, l'année précédente, l'abbé de Montigny ; enfin, en cette même année, Bossuet, dont les *Oraisons funèbres* de la reine d'Angleterre et de la duchesse d'Orléans avaient consacré la renommée. Pour le grand orateur chrétien, l'Académie avait abrégé ses délais or-

Fig. 13. — Frontispice de la tragédie de Scévole, par M. du Ryer; Paris, 1647.

dinaires. Daniel Hay du Chastelet était mort le 20 avril 1671 : Bossuet se présenta le 15 mai, fut élu à la fin du même mois, et reçu le 8 juin par Charpentier.

En 1667, avait été élu, à la place de Silhon, J.-B. Colbert, le célèbre ministre, et l'on ne voit pas que ce choix ait été critiqué, témoin ces vers :

> Non, non, Messieurs les beaux esprits,
> Préférant Colbert à tous autres,
> Vous ne vous êtes point mépris,
> Ses écrits valent bien les vôtres.

Mais, à côté de ces noms illustres, il faut inscrire ceux, inconnus aujourd'hui ou devenus fâcheusement célèbres, de Scudéry (1650), de l'abbé Cotin (1655), de l'abbé Cassagnes (1661), ces victimes de Boileau; de Le Clerc et de Boyer (1662 et 1666), deux auteurs dramatiques que Racine devait ridiculiser dans cette épigramme :

> Entre Le Clerc et son ami Coras,
> Deux grands auteurs rimant de compagnie,
> N'a pas longtemps sourdirent grands débats
> Sur le propos de leur *Iphigénie*.
> Coras lui dit : « La pièce est de mon cru. »
> Le Clerc répond : « Elle est mienne et non vôtre. »
> Mais aussitôt que l'ouvrage eut paru,
> Plus n'ont voulu l'avoir fait l'un ni l'autre.

La porte de l'Académie s'était ouverte pour les grands seigneurs avec le marquis de Coislin; d'autres suivirent, le duc de Saint-Aignan, père du célèbre duc de Beauvilliers (1663), le comte de Bussy-Rabutin (1665), le marquis de Dangeau (1668). Les hauts dignitaires du clergé y entrèrent avec Hardouin de Péréfixe (1654), évêque de Rodez, puis archevêque de Paris ; Harlay de Champvalon (1671), qui lui succéda sur ce dernier siège ; et César d'Estrées (1658), évêque de Laon, plus tard cardinal.

Trois autres élections doivent être remarquées par les incidents qu'elles amenèrent dans la compagnie : en 1659, celle de Gilles Boileau, frère aîné du satirique, si bien traversée à l'instigation de Mlle de Scudéry, de Ménage et de Pellisson, qu'elle causa « une espèce de schisme académique, » qui se prolongea plus de six semaines, entre les deux scrutins ; en 1662, l'élection de Furetière, d'où naquirent tant de tribulations pour la compagnie au sujet du Dictionnaire ; et en 1671, celle de Perrault, dont la réception fut l'origine de la publicité donnée depuis aux réceptions académiques. Le remerciement, que Perrault prononça le 23 novembre, avait été si fort applaudi, qu'il s'en autorisa pour demander à l'Académie ce changement dans ses statuts ; il fut voté, non sans une vive opposition de Chapelain.

Huit ans auparavant, avait en lieu une innovation non moins importante, qui définitivement donna place à l'Académie parmi les grands corps de l'État. En 1667, le jeune roi Louis XIV décida que désormais elle viendrait le haranguer, dans les occasions solennelles, comme faisaient le Parlement, l'Université, le Grand Conseil, etc. Ce fut le

Fig. 19. — Dupuwt, portrait en buste de Rigaud, gravé par G. Edelinck.

secrétaire du Cabinet, Rose, brave homme ayant son franc-parler auprès du souverain, qui valut à l'Académie cette faveur royale :

« Le roi, raconte Pellisson, au retour de la campagne de 1667 en Flandre, ayant été harangué selon l'usage par les compagnies supérieures, alla ensuite à la chasse ; et comme il permettoit qu'on l'intretint librement au débotté, les harangues du matin y furent toutes ressassées l'une après l'autre. Sur quoi, M. Rose dit agréablement que, dans des occasions où il s'agissoit d'éloquence, c'étoit un abus de ne pas y appeler une compagnie, la seule qui soit instituée pour cultiver l'éloquence... Il n'en fallut pas davantage ; le roi ordonna « que, dans toutes les occasions qu'il y auroit de le haranguer, l'Académie françoise y seroit reçue avec les mêmes honneurs que les cours supérieures. »

L'Académie jouit, pour la première fois, de cette prérogative après la conquête de la Franche-Comté, l'année suivante.

Le chancelier Seguier mourut le 28 janvier 1672, en l'hôtel de la Chancellerie, à Saint-Germain, à l'âge de quatre-vingt-quatre ans, et fut inhumé au couvent des Carmélites de Pontoise. L'Académie lui rendit des honneurs extraordinaires. Après avoir écouté son éloge par l'abbé Tallemant, elle fit célébrer un service à l'église des Billettes, où un autre académicien, l'abbé de La Chambre, prononça son oraison funèbre. La postérité n'a pas oublié celle de Mascaron.

Le long protectorat de Seguier avait été heureux pour l'Académie, dont l'autorité avait toujours été grandissant. Mais ce fut aussi une époque de nombreuses attaques contre elle, de la comédie des *Académiciens* par Saint-Evremont, qui courut manuscrite dès 1645, des pamphlets de Sorel, *Rôle des présentations, Discours sur l'Académie Françoise* (1654), etc.

CHAPITRE IV.

PROTECTORAT DE LOUIS XIV.

(1672-1715.)

L'attention que Louis XIV accordait déjà depuis plusieurs années à l'Académie française, les faveurs dont elle avait été l'objet, indiquaient assez qu'il désirait se l'attacher par des liens plus directs. Aussi, à la mort de Seguier, l'Académie décida-t-elle de le faire prier, par M. de Harlay, archevêque de Paris, « l'homme de France né avec le plus de talent pour la parole, » d'agréer le titre de Protecteur. Sur l'acceptation du roi, elle se rendit en corps, pour le remercier. « Sa Majesté voulut, raconte d'Olivet, d'après Huet qui avait assisté à cette audience, que M. le Dauphin fut témoin de ce qui se passoit dans une occasion si honorable aux lettres; M. de Harlay, chargé de parler au nom de tous, mit dans un grand jour l'utilité de cet établissement. Après ce discours, le roi, paraissant en quelque façon ému, donna de très grandes marques d'estime à la compagnie, se fit nommer l'un après l'autre tous ceux des académiciens dont le visage ne lui étoit pas connu, et dit en particulier à M. Colbert, qui étoit là dans son rang de simple académicien : « Vous me ferez savoir ce qu'il faudra que je fasse pour ces Messieurs. »

Ce premier protectorat royal, qui devait durer quarante-trois ans, et correspondre à la plus belle période de la littérature française, s'ouvre au moment où brille de toute sa gloire le prince qui porte dans l'histoire le nom de Louis le Grand. La paix d'Aix-la-Chapelle (1668) venait de reculer les frontières de la France ; les arts et les lettres rivalisaient de merveilles à la cour de Saint-Germain, bientôt à Versailles, qui se construit. La guerre de Hollande, commencée cette année même, aboutira six ans plus tard au traité avantageux de Nimègue. Louis XIV était encore environné de tous les grands hommes qui ont illustré son règne : Condé et Turenne, Colbert et Louvois, Corneille et Molière vivaient encore ; Boileau, La Fontaine, Racine, Bossuet étaient dans toute la force de leur génie.

Mais si Louis XIV fut le Protecteur officiel et majestueux de l'Académie, Colbert en fut le protecteur réel. Il avait d'ailleurs reçu d'elle le titre de vice-protecteur. Pendant les onze années qu'il vivra encore, c'est lui qui proposera, suscitera ou appuiera toutes les mesures qui contribueront à accroître la haute fortune de l'Académie. Colbert, depuis le mois de mars 1667, faisait partie de l'Académie, où il avait remplacé Silhon ; c'est à tort que l'abbé d'Olivet a dit qu'il avait été dispensé du discours d'usage. Ce discours de réception, il le fit, le mois suivant. « Le 21 du courant, rapporte la *Gazette de France* du 30 avril, le duc de Saint-Aignan, ayant été prendre le sieur Colbert en son logis, le conduisit en l'Académie françoise, établie chez le chancelier de France, laquelle l'avoit depuis long-temps invité à lui faire l'honneur d'être un de ses membres; et après y avoir été reçu avec les cérémonies ordinaires, il fit un discours à la louange du roi avec tant de grâce et de succès, qu'il en fut admiré de toute cette savante compagnie. » Le continuateur de *la Muse historique* de Loret a même rimé, à sa façon, cet événement :

Fig. 20. — Louis XIV, d'après Ant. Benoist, XVIII⁰ siècle.

Le duc de Saint-Aignan, qui joint de bonne grâce
Les beaux lauriers de Mars aux lauriers du Parnasse,
Et sert aux courtisans de modèle aujourd'hui,
De la part de ce corps, l'alla prendre chez lui,
 Et le mena dans l'assemblée,
 Qui d'allégresse fut comblée
 De se voir un si grand appui.
 Il y montra qu'en notre langue
 Il savoit faire une harangue,
 Et du beau style et du bel air,
 Et prenant notre charmant Sire
 Pour le sujet de son bien dire.
Dessus un si béau texte on le vit triompher.

Chapelain avait-il eu quelque part à ce discours, comme on l'a prétendu, c'est possible, bien que la confection d'un discours académique ne fût pas au-dessus d'un génie tel que celui de Colbert.

Quatre ans avant son élection, Colbert avait déjà donné une preuve de ses bons sentiments pour l'Académie, en choisissant quatre de ses membres, Chapelain, Charpentier, et les abbé Cassagnes et de Bourzeys, pour faire partie de l'*Académie des Médailles*, qui sera plus tard l'Académie des Inscriptions et Belles-Lettres, et dont il avait suggéré l'idée au roi.

La mort de Seguier laissait, pour le moment, l'Académie sans lieu de réunion. La première chose que Colbert proposa à Louis XIV fut de la loger, et de la loger au Louvre, dans le palais des rois. « L'Académie françoise, écrivit-il à ce prince, demande où elle s'assemblera à l'avenir. Il n'y a que le Louvre ou la Bibliothèque de Votre Majesté. Le Louvre est plus digne et plus embarrassant, la Bibliothèque seroit moins digne... » Le roi répondit : « Il faut assembler l'Académie au Louvre; cela me paroît mieux, quoique un peu incommode. » Si le mot incommodité peut choquer, sous la plume de Louis XIV, il eut du moins le mérite de passer pardessus l'incommodité, ce que, depuis 1816, n'ont fait aucun des gouvernements qui se sont succédés en France. L'Académie française a pu, en 1816, être rétablie sur le plan de l'ancienne Académie, mais elle n'est jamais rentrée au Louvre.

En quittant l'hôtel Seguier, pour aller tenir ses séances au Louvre, l'Académie, au mois de mai, prit congé de la chancelière, Madeleine Fabri, dans un discours prononcé par Perrault, et, le 13 juin suivant, exprima sa reconnaissance à Colbert par la bouche de Charpentier. Celui-ci s'étant servi du titre de Monseigneur, le ministre répondit qu'il « étoit très obligé à l'Académie de son discours, mais qu'il eust souhaité qu'elle l'eust traité avec moins de cérémonie, et en qualité de confrère, sans l'appeler Monseigneur ». Il ajouta ensuite « qu'il exhortoit tous les particuliers qui la composoient de travailler pour la gloire du roi, » et que, pour lui, « il les assuroit qu'en toutes occasions où il pourroit servir une aussi illustre compagnie, il le feroit avec joie et avec plaisir ».

C'est dans l'ancienne salle où se tenait le conseil du roi que l'Académie fut installée. Dumetz, garde des meubles de la couronne, eut ordre de meubler cet appartement; il le fit « avec une propreté et même une magnificence, dit Perrault, qui marquoient l'amour qu'il a pour les belles lettres et pour ceux qui en font profession. »

L'Académie prit probablement possession de sa nouvelle demeure vers le mois d'août, et reçut peu après, du duc de Richelieu, pour être placé dans la salle de ses séances, le portrait du cardinal, son fondateur. Enfin, cette installation de l'Académie au Louvre fut commémorée par une médaille, qui figure dans l'*Histoire métallique* du roi, à laquelle travaillait l'Académie des Inscriptions. Elle y est décrite ainsi : « Apollon tient sa lyre appuyée sur le trépied d'où sortoient ses oracles. Dans le fond paroit la principale façade du Louvre (celle même que venait de construire le frère de Charles Perrault). La légende, APOLLO PALATINUS, signifie *Apollon dans le palais d'Auguste*, et fait allusion au temple d'Apollon, bâti dans l'enceinte du palais de cet empereur ; l'exergue, ACADEMIA GALLICA INTRA REGIAM EXCEPTA. M. D. C. LXXII, *l'Académie françoise dans le Louvre, 1672.*

Fig. 21 et 22. — Médaille commémorative de l'installation de l'Académie française au Louvre. (Face et revers.)

La première réception qui eut lieu au Louvre fut celle de Fléchier, le 12 janvier 1673, élu en remplacement de Godeau.

L'année suivante, l'Académie fut l'objet d'une nouvelle munificence du roi, sollicitée par Colbert : celle des jetons de présence. En instituant ces jetons, le grand ministre avait voulu aviver l'activité de la compagnie, sans paraître porter atteinte à sa dignité et à son indépendance, comme on aurait pu le prétendre s'il avait créé des pensions pour ses membres. « Afin d'engager les académiciens à être plus assidus aux assemblées, raconte Perrault, il établit qu'il leur seroit donné quarante jetons par chaque jour qu'ils s'assembleroient, afin qu'il y en eust un pour chacun en cas qu'ils s'y trouvassent tous (ce qui jamais n'est arrivé), ou plutost pour estre partagés entre ceux qui s'y trouveroient, et que s'il s'y rencontroit quelques jetons qui ne pussent être partagés, ils accroîtroient à la distribution de l'assemblée suivante. » Le roi

Fig. 23 et 24. — Jeton de présence. (Face et revers.)

défrayait, en outre, la compagnie de bois, bougie, flambeaux, écritoires, journées de copistes pour le Dictionnaire, gages donnés à « une des mortes-payes » (*vieux domestique qu'on entretient sans qu'il fasse aucun service*) du Louvre, pour ouvrir, fermer et nettoyer les salles et pour en être comme l'huissier et le concierge. Telle fut la modeste origine de ce qu'on appelle aujourd'hui les appariteurs de l'Académie. Colbert fit même donner à la compagnie « une belle pendule, avec ordre au sieur Thuret, horloger, de la conduire et de l'entretenir ». Les jetons portaient, d'un côté, la tête du roi avec ces mots : *Louis le Grand*, et, de l'autre côté, une couronne de lauriers avec ces mots : *A l'Immortalité :* et autour : *Protecteur de l'Académie françoise.* En remerciant Colbert, le 16 janvier 1673, de cette nouvelle munificence royale et de sa sollicitude pour la compagnie, Charpentier, au nom de celle-ci, fit espérer « qu'elle sortiroit heureusement » des difficultés du Dictionnaire, puisque ce ministre « vouloit bien prendre le soin de ce travail académique ».

Commencé depuis trente-cinq ans, le Dictionnaire, en vue duquel l'Académie avait été principalement fondée, avançait bien lentement. Les académiciens eux-mêmes en plaisantaient; tel, Bois-Robert, dans ces vers :

> ... Tous ensemble, ils ne font rien qui vaille.
> Voilà six ans que sur l'F on travaille,
> Et le destin m'auroit fort obligé,
> S'il m'avoit dit : Tu vivras jusqu'au G.

L'institution des jetons porta ses fruits. « On travailla mieux, et dix fois de plus qu'on n'avoit fait jusqu'alors. » Dans sa séance du 30 juin 1674, la compagnie, sur la proposition de l'abbé Testu, avait décidé qu'à cet effet elle s'assemblerait trois fois par semaine, et que « l'on travailleroit à trois bureaux de quatre personnes ». Colbert, qui assista à la discussion du mot *Ami*, comprit mieux les lenteurs de l'Académie en voyant le soin minutieux avec lequel chaque article était débattu et rédigé. Ces jetons hâtèrent l'achèvement du célèbre Dictionnaire, qui parut en 1694. Mais ils coûtèrent la vie, parait-il, au pauvre Chapelain, qui mourut le 25 février 1674, quelques mois après leur création.

« L'avarice de M. Chapelain, raconte Segrais, fut cause de sa mort. S'étant mis en chemin, un jour d'académie, pour se rendre à l'assemblée et gagner deux ou trois jetons, se trouvant dans la rue Saint-Honoré, près la porte du Cloître, ne voulant pas payer un double pour passer

Fig. 25. — L'Académie harangue Louis XIV, d'après une tête de page de la 1re édition du Dictionnaire (1694). Gravé par J. Mariette, d'après J.-B. Corneille.

le ruisseau sur une planche, il attendoit que l'eau fust écoulée ; mais ayant regardé au cadran, et sachant qu'il étoit près de trois heures, il passa au travers de l'eau et en eut jusqu'à mi-jambe. S'étant rendu à l'Académie, il ne s'approcha pas du feu, quoiqu'il y en eust un fort grand ; mais il s'assit d'abord à un bureau, cachant ses jambes dessous, afin que l'on ne s'aperçust pas de quelle manière il étoit mouillé ; le froid le saisit, et il eut une oppression de poitrine, dont il mourut. » Dans ces lignes, Segrais se souvenait trop peut-être que Chapelain avait, en 1662, voté contre lui.

Il semble, selon l'expression de Duclos, qu'il ait été dans le destin de l'Académie que les circonstances qui pouvaient porter atteinte à ses privilèges, finissent par lui en procurer de nouveaux. C'est ce qui arriva peu après pour les fauteuils académiques. Ces fauteuils, qui aujourd'hui, dans l'Académie nouvelle, ne sont plus qu'une métaphore, étaient dans l'ancienne une réalité, grâce à une seconde munificence royale, qui suivit celle des jetons.

A l'origine, il n'y avait dans l'Académie qu'un fauteuil, qui était la place du directeur. Tous les autres académiciens, de quelque rang qu'ils fussent, n'avaient que des chaises. Le cardinal d'Estrées, entré à l'Académie en 1658, et que, par la bouche de Charpentier, elle avait complimenté, en 1677, au retour de son ambassade de Rome, était devenu très infirme. Il chercha un adoucissement à son état dans l'assiduité aux assemblées de la compagnie, comme on en cherche de nos jours aux fréquents revers de la politique. Le cardinal demanda qu'il lui fût permis de faire apporter un siège plus commode qu'une chaise. On en rendit compte au roi, qui, prévoyant les conséquences d'une pareille distinction, ordonna à l'intendant des Menus de faire porter quarante fauteuils à l'Académie, et confirma par là et pour toujours l'égalité académique. Ce fut à la réception de La Monnoie, le 25 décembre

1713, que l'Académie siégea pour la première fois sur ces fauteuils. Quelques années auparavant, le roi avait ordonné que six places fussent réservées pour les académiciens aux spectacles de la cour.

Le principe d'égalité, si favorable à la gloire de l'Académie, fut défendu et sauvé par Louis XIV dans une autre circonstance, où il courut un plus grand danger. L'abbé Bignon qui, en 1693, avait succédé à Bussy-Rabutin, avait eu la malencontreuse idée, pour plaire à quelques gens de cour, de proposer la création d'une classe d'académiciens honoraires. D'Alembert et Duclos ont sévèrement jugé cette tentative. « Dans les premières années de ce siècle, a dit ce dernier, deux ou trois académiciens, dont la postérité ne connaîtra le nom que par la liste, ne se trouvant pas assez honorés d'être associés à une compagnie illustre, tâchèrent d'y introduire une classe d'académiciens honoraires. On croira facilement que cette fantaisie ne vint pas à des hommes fort distingués par le rang, la naissance ou les talents. En effet, il falloit qu'ils ne fussent pas trop faits pour le titre d'honoraires, puisqu'ils en avoient tant besoin, et ils ne paraissoient pas plus dignes du titre d'académiciens, puisqu'il ne leur suffisoit pas. » Le marquis de Dangeau, son frère l'abbé, le cardinal de Rohan, et le président Rose, eurent l'honneur de s'opposer à cette innovation; Louis XIV mérita vraiment son titre de protecteur de l'Académie, en s'y opposant.

Dans les autres Académies, qui s'étaient formées depuis

l'établissement de l'Académie française, il existait, il est vrai, une classe d'académiciens *honoraires*. La première pour le rang, elle n'était obligée de prendre part à aucun travail. Introduire des honoraires dans la compagnie eût été à la fois méconnaître le principe d'égalité, sur lequel elle était fondée, et ouvrir la porte à des abus qui en auraient amené promptement la ruine.

Les rapports entre le roi et l'Académie étaient donc excellents. Nous trouvons dans Bussy-Rabutin un très curieux tableau de ce qu'on pourrait appeler : *Une journée d'académicien à la cour*. L'aimable et spirituel cousin de Mme de Sévigné, qui était lui-même académicien depuis 1665, écrivait à la comtesse de Toulongeon, au sortir de l'audience royale où, le 12 mai 1690, au palais de Versailles, l'Académie avait harangué Louis XIV, à l'occasion de la mort de la Dauphine :

« Vendredi dernier, M. l'archevêque de Paris (*Harlay de Champvallon*) étant au lever du roi et moi auprès de lui, Sa Majesté lui parla de l'Académie, qui le devoit haranguer, ce matin-là, sur la mort de Madame la Dauphine (*Victoire de Bavière, morte le 20 avril*), comme faisoient les cours souveraines. « Ce sera vous, Monsieur, dit le roi à l'archevêque, qui parlerez? — Non, Sire, lui dit ce prélat (*il avait été élu, en 1671, en remplacement d'Hardouin de Péréfixe*); ce sera l'abbé de Lavau (reçu en 1679), qui le fera mieux que moi. » L'archevêque lui parla assez longtemps à l'oreille, et s'étant relevé, nous parlions ensemble lui et moi, lorsque le roi dit en me regardant : « Bussy en

Fig. 76. — La Fontaine, d'après un portrait du XVIIe siècle.

est de l'Académie? — Oui, Sire, lui dis-je, et des plus anciens. » L'archevêque ajouta : « Et un académicien d'importance; c'est dommage que nous ne le voyons pas plus souvent en ce pays-ci. » Quand le roi eut achevé de s'habiller, de prier Dieu, et qu'il fut rentré dans son cabinet, l'archevêque et moi nous allâmes dans une chambre où MM. de l'Académie, avec Sainctot, maître des cérémonies, attendoient qu'on les vînt prendre pour aller à l'audience. Nous marchâmes donc deux à deux, chacun à son rang d'ancienneté. L'archevêque étoit à notre tête, à droite de l'abbé de Lavau, qui devoit haranguer; le second rang étoit l'abbé Regnier et l'abbé Tallemant; le troisième, Pellisson et moi, et le reste parmi lesquels étoient Dangeau, l'abbé son frère et l'abbé de Choisy.

« J'ouïs fort bien la harangue de l'abbé, qui fut belle et courte. Le roi remercia la compagnie et lui promit toujours sa protection. Nous lui fîmes de profondes révérences, et nous nous retirâmes dans le même ordre que nous étions venus, conduits par le maître des cérémonies.

« Après la messe du roi, nous vînmes une douzaine d'académiciens sans ordre au dîner de Sa Majesté, qui mangeoit à son petit couvert. M. le Duc (*le petit-fils du grand Condé*) y étoit, M. le prince de Conti, M. de Vendôme, le duc de Villeroy, le duc de Roquelaure, le comte de Gramont, l'archevêque, deux autres courtisans entre lui et moi et cette douzaine d'académiciens. Le roi dit à M. de Vendôme (*le célèbre maréchal*) : « Vous qui avez de l'esprit, Monsieur, vous devriez songer à être de l'Académie. — Je n'en ai guère, Sire, répondit M. de Vendôme ; mais peut-être me feroit-on grâce, et je crois qu'il n'est pas nécessaire pour cela d'avoir tant d'esprit. — Comment, reprit le roi, il n'est pas nécessaire ? Voyez M. l'archevêque, voyez M. de Bussy et tous ces autres messieurs, s'il ne faut pas avoir de l'esprit. » Ensuite, on parla des faiseurs de harangues, combien il étoit difficile de s'en bien acquitter et des accidents qui arrivoient tous les jours aux harangueurs. Ce discours dura pendant tout le dîner, après lequel nous allâmes, l'archevêque et moi et dix académiciens, dîner au Chambellan, où le roi avoit commandé à Livry de bien nous régaler : ce qu'il fit. Nous fûmes six heures à table, où la santé du protecteur de l'Académie ne fut pas oubliée. »

On appelait alors *Chambellan*, une des deux grandes tables que le roi tenait pour les courtisans, et qui, après avoir été présidée par le grand chambellan, l'était alors par le maître d'hôtel, Louis Sanguin, marquis de Livry, beau-frère du duc de Beauvilliers.

La gloire de son gouvernement, l'espèce d'idolâtrie dont il était entouré par ses contemporains, auraient pu porter Louis XIV à faire sentir à l'Académie sa volonté dans les élections : il n'en fut rien. Sa discrétion sur ce point fut plus grande que celle de Richelieu, de Seguier et même de ses ministres. Sur les 68 élections académiques, qui eurent lieu sous son règne, son influence ne se montra réellement que dans les trois élections de Boileau, de La

Fig. 27. — Boileau, d'après un portrait du XVIIe siècle.

Fontaine en 1684, de l'évêque de Noyon en 1694, et en 1703 dans l'échec de Chaulieu, auquel il fit préférer le prince de Rohan, coadjuteur de Strasbourg.

Louis XIV, soupant un jour avec Boileau, lui avait demandé s'il était de l'Académie. L'illustre satirique lui avait répondu avec modestie « qu'il n'était pas digne d'en être ». — « Je veux que vous en soyez, » avait reparti le roi. Colbert étant mort, le 6 septembre 1683, Boileau se présenta pour le remplacer. Ses premières *Satires* dataient de 1664, l'*Art poétique* et le *Lutrin* de 1674; mais il avait contre lui toutes les victimes de ses satires, dont beaucoup siégeaient à l'Académie, et que Benserade animait contre lui.

« Il vous faut un Marot ! » s'était écrié Rose, un de ceux qui combattirent son élection, — « Et à vous, une marotte, » avait répliqué Benserade. La Fontaine eut 16 voix, Boileau 7. Mais quand on annonça au roi ce premier scrutin, pour avoir son approbation, il répondit : « Je ne suis pas déterminé, je ferai savoir mes intentions à l'Académie. » La compagnie comprit ce que cela voulait dire, et Bazin de Besons étant mort sur cette entrefaite, elle nomma Boileau tout d'une voix. « Vous pouvez maintenant recevoir La Fontaine, dit alors le roi au Directeur de l'Académie; il a promis d'être sage. » La réception de La Fontaine eut lieu le 2 mai, celle de Boileau le 1ᵉʳ juillet 1684.

L'élection de l'évêque de Noyon, François de Clermont-Tonnerre, qui eut lieu en 1694, en remplacement de

Barbier d'Aucour, et que nous avons racontée ailleurs (1), fut la suite d'une sorte de plaisanterie du roi pour s'égayer aux dépens de l'immense vanité de ce prélat. Le jeune abbé de Caumartin, chargé de le recevoir, poussa la chose trop loin, en mystifiant le récipiendaire dans son discours, ce qui lui valut une longue disgrâce; elle ne cessa qu'à la mort de Louis XIV.

Si, en 1703, l'abbé de Chaulieu, s'étant présenté pour succéder à Charles Perrault, Louis XIV fit venir Tourreil, le directeur en exercice, pour lui dire qu'il désirait que l'Académie choisît un autre candidat, ce fut par suite de cette règle qu'il s'était imposée d'écarter des honneurs tous les ecclésiastiques dont les mœurs n'étaient pas suffisamment régulières. En dehors de ces rares circonstances, Louis XIV fut le premier à respecter les choix de la compagnie, et à défendre son indépendance académique. En 1684, il s'opposa, avec beaucoup de bon sens, à l'élection de son fils, le duc du Maine, que Racine appuyait contre Thomas Corneille, candidat à la succession de son illustre frère.

Auprès du roi, l'on était moins retenu. Colbert faisait nommer, en 1678, son fils l'abbé Colbert, âgé alors de vingt-quatre ans; en 1679, l'abbé de Lavau, avec lequel s'établit en quelque sorte le droit, pour les gardes de la Bibliothèque du roi, de faire partie de l'Académie (Dacier, Gros de Boze, Boivin, Bignon, Barthélemy, Sallier), Bar-

(1) *Le Livre* du 10 avril 1889.

Fig. 26. — Racine, d'après un portrait du XVIIe siècle.

bier d'Aucour, commis des bâtiments et précepteur de son fils. Les rapports de Colbert avec l'Académie furent néanmoins excellents, et il en fut fort regretté. Bossuet n'ayant pu prononcer son oraison funèbre, ainsi qu'elle l'aurait souhaité, « elle tint au Louvre une séance extraordinaire, où ses louanges furent célébrées en vers par Quinault et en prose par l'abbé Tallemant ».

L'influence du ministre Pontchartrain se fit sentir dans les élections de Tourreil, précepteur de son fils (1692); de l'abbé Bignon, son neveu, et de La Loubère (1693), un autre précepteur. Le duc d'Orléans ne fut pas étranger au choix de Testu de Mauroy (1688) ; cependant ce prince y pouvait croire à peine, s'écriant à la nouvelle du vote : « Est-ce qu'ils le recevront? »

Mais l'Académie accueillait aussi, dès 1673, Racine, l'année même de *Mithridate*, puis Fléchier, Thomas Corneille (1685), Fontenelle (1691), Fénelon et La Bruyère (1693), l'abbé de Saint-Pierre et Dacier (1695), l'abbé Fleury, l'abbé Genest et Campistron (1698,1701), faibles représentants de la poésie dramatique, La Motte (1710), Danchet (1712).

C'est à la fameuse *Querelle des anciens et des modernes* qu'il faut surtout attribuer quelques choix plus ou moins médiocres que fit l'Académie dans la seconde moitié de cette période. Cette querelle s'était élevée en 1670 par l'apparition d'un factum de Desmarets, *la Comparaison de la langue de la poésie française avec la grecque et la latine*, et par sa préface du poème de *Clovis* (1673).

Ravivée en 1687 par Perrault dans son poème *le Siècle de Louis XIV* et dans le *Parallèle des anciens et des modernes*, elle se prolongea jusqu'à la Motte, partisan des modernes ainsi que Fontenelle. Chaque parti en vint à tenir plus de compte des opinions des candidats sur ce point que de leur talent. La Bruyère, partisan des anciens, et auquel on avait préféré, en 1691, Fontenelle, appuyé par Benserade et les modernes, aurait été indéfiniment ajourné, sans la protection de Pontchartrain, dont le fils sollicita pour lui. Et encore, qui le croirait? l'on fit alors sur lui ces vers :

> Quand La Bruyère se présente
> Pourquoi donc tant crier haro?
> Pour faire un chiffre de quarante,
> Ne fallait-il pas un zéro?

En 1685, avait eu lieu la fâcheuse affaire de l'expulsion de Furetière, membre de l'Académie depuis vingt-trois ans. Cet académicien travaillait, de son côté, à un Dictionnaire. L'Académie, il est vrai, avait bien obtenu, le 28 juin 1674, un privilège, par lequel « défenses étoient faites de publier aucun dictionnaire françois, avant que le sien fût au jour ». Mais Furetière s'était fait également octroyer, le 24 août 1684, un privilège pour l'impression d'un *Dictionnaire universel*. La compagnie n'en considéra pas moins Furetière comme un usurpateur de ses droits, comme un plagiaire et pis encore, l'accusant « d'avoir employé la méthode, les définitions, les phrases

Fig. 20. — Fénelon, d'après le portrait peint par Joseph Vivien et gravé par Benoît Audran (1714).

de l'Académie, ou sans aucun changement, ou avec des changements si légers qu'ils le démasquoient encore mieux. » Après plusieurs conférences entre Furetière, qui ne voulut pas céder, et les délégués de l'Académie, celle-ci l'exclut de son sein, le 22 janvier 1685.

La conduite de Louis XIV en cette circonstance fait grand honneur à son bon sens. Comme il n'avait jamais encore entendu parler de destitution, il témoigna son étonnement de cette mesure, et dit que l'affaire devait suivre le cours ordinaire de la justice, puisqu'il s'agissait d'une question de privilège. Celui de Furetière fut supprimé par arrêt du conseil, le 9 mars 1685. Furetière ne fut cependant remplacé qu'à sa mort, en 1688, où on lui donna pour successeur La Chapelle. Dans cet intervalle, il avait criblé l'Académie d'épigrammes et de factums, et inventé ce nom de *jetonnier,* dont on s'est depuis si souvent servi contre certains académiciens plus zélés que célèbres.

Conrart, le premier secrétaire perpétuel de l'Académie, était mort le 23 septembre 1675. Ses successeurs furent Mezeray, Reguier-Desmarais (1683), Dacier (1713).

Le 7 septembre 1702, la réception de Chamillart, évêque de Senlis, frère du célèbre ministre de la guerre, contrôleur général, fut remarquable par une innovation dans l'étiquette académique. C'est la première fois que les femmes furent admises aux séances publiques. « M. Chamillart, son frère, raconte Dangeau, qui assistait à cette séance comme académicien, était à la réception. On avoit pratiqué dans un cabinet voisin de la salle où se font les réceptions une tribune pour les dames ; il n'y en avoit jamais eu à aucune assemblée de l'Académie française, mais seulement à celles de l'Académie des sciences et des inscriptions. » Saint-Simon, qui n'aimait pas les deux frères, ajoute que « cette nouveauté fut en faveur des filles de Chamillart et de leurs amies, qui y allèrent pour se moquer du pauvre Senlis. »

Les dignitaires du haut clergé furent, d'ailleurs, moins nombreux à l'Académie, sous le règne de Louis XIV, qu'on pourrait le supposer. Ce furent J.-N. Colbert (1678), archevêque de Rouen en 1691 ; Clermont-Tonnerre (1694), évêque de Noyon ; Chamillart (1702) ; le prince de Rohan (1703), cardinal-évêque de Strasbourg ; l'abbé de Polignac (1704), plus tard cardinal ; Brulart de Sillery (1705), évêque de Soissons ; H. de Nesmond (1710), archevêque de Toulouse, et l'abbé d'Estrées (1711) archevêque de Cambrai en 1716. En tout, 8 élections de prélats sur 68.

Il convient de faire la même remarque relativement aux grands seigneurs académiciens. On compte seulement : le comte de Crécy (1679), deux autres Coislin (1702 et 1710), le maréchal duc de Villars (1714), le duc de La Force et le maréchal duc d'Estrées (1715).

CHAPITRE V.

PROTECTORAT DE LOUIS XV.

(1715-1774.)

Le protectorat de Louis XV fut le plus long de tous : il dura cinquante-neuf ans, et 93 élections eurent lieu pendant cette période. C'est celui où l'Académie fit le plus parler d'elle, et où il y eut le plus d'agitation dans son sein. Quand ce ne sont pas les querelles entre janséuistes et molinistes qui la troublent, ce sont celles des encyclopédistes et de leurs adversaires. A cette époque, les salons, surtout ceux de Mme de Lambert, de Mme de Tencin, de Mme Geoffrin, de Mlle de Lespinasse, ont une influence prépondérante sur les élections ; c'est là qu'elles se font réellement.

L'Académie avait beaucoup loué Louis XIV pendant sa vie : elle le loua moins après sa mort. La harangue que l'abbé Dangeau prononça devant le jeune roi, en cette circonstance, « fut jugée très mauvaise, » au dire de Mathieu Marais. Cela rend d'autant plus étrange la conduite que l'Académie tint, trois ans plus tard, à l'égard de l'abbé de Saint-Pierre. Élu en 1695, par l'influence de Fontenelle et de la marquise de Lambert, ce choix avait été comme une première manifestation de l'esprit philosophique à l'Académie. Ayant publié, au mois d'avril 1718, son *Discours sur la polysynodie,* dans lequel il attaquait avec beaucoup de vivacité le gouvernement du roi défunt, il fut dénoncé à la compagnie par les cardinaux de Polignac et de Rohan, secondés par Fleury, l'ancien évêque de Fréjus, le futur premier ministre. « Les trois officiers de l'Académie, écrivait Dangeau le 30 mai, l'abbé de Dangeau, directeur, M. l'évêque de Fréjus, chancelier, et Dacier, secrétaire perpétuel, parlèrent hier à M. le duc d'Orléans, de la part de l'Académie, au sujet du livre de l'abbé de Saint-Pierre. Le maréchal d'Estrées et le premier président (*de Mesmes*), qui étoient au Palais-Royal, et qui sont de l'Académie, se joignirent à eux... » Le 5, l'Académie, à l'unanimité, moins une voix, celle de Fontenelle, décida que l'abbé de Saint-Pierre serait rayé de la liste de ses membres. Le lendemain, les trois mêmes académiciens « rendirent compte au Régent de ce qui s'étoit passé. Ce prince approuva la disposition, mais il dit qu'il falloit en user comme on avoit fait avec Furetière, qui fut déposé et dont on ne remplit point la place. » Saint-Simon, dans ses *Additions* à Dangeau, ajoute : « M. le duc d'Orléans, qui n'aimoit pas les Saint-Pierre, et qui entendoit les cris de la vieille cour, trouva fort bon que l'abbé de Saint-Pierre fut chassé de l'Académie ; mais, peu amoureux du feu roi et de son gouvernement, et toujours enclin aux *mezzo-termine*, il se moqua d'eux pour remplir sa place, et leur cita Furetière... » Le maréchal de Villeroy avait également beaucoup contribué à rassembler cet

Fig. 30. — Fontenelle, d'après le portrait de H. Rigaud (1747).

orage sur la tête de l'abbé. Celui-ci vécut jusqu'en 1747, où il fut remplacé par Duclos. Plus tard on se vanta de cette boule blanche donnée à l'abbé de Saint-Pierre, et le duc de La Force voulut s'en attribuer l'honneur. Dix-huit mois après la sentence, une députation de l'Académie alla trouver le Régent pour savoir s'il y avait lieu à révision, mais il ne se prononça pas, et les choses en restèrent là.

Sous Louis XIV, l'Académie française avait été reçue par le roi, mais il ne s'était jamais rendu à ses séances. Cet honneur était réservé à la compagnie sous le règne de Louis XV. Le jeune souverain était âgé de dix ans, lorsqu'en 1719 il se rendit, en grande pompe, à l'une de ses assemblées. Il était accompagné du maréchal de Villeroy, du duc de Villeroy, capitaine des gardes, du duc de Tresmes, premier gentilhomme de la chambre, de Fleury, son gouverneur, et du marquis de Saumery, sous-gouverneur.

« Le 25, raconte *le Mercure*, le roi honora de sa présence l'Académie Françoise, dont il est protecteur. S. M. y fut reçue par M. de Valincour, directeur, et par M. Dacier, secrétaire perpétuel. Ces deux messieurs, accompagnés de quelques autres membres du même corps, furent au devant du roi jusqu'à la porte. S. M. se plaça dans un fauteuil qui étoit devant la cheminée, et le seul qu'il y eut dans la salle. M. le maréchal de Villeroy fit un petit discours à l'assemblée, auquel M. de Valincour répondit. » Le poète La Motte lut en l'honneur du jeune prince une pièce de vers, qui commençait ainsi :

Ce jour cent fois heureux où tu parois ici,
Prince, c'est notre fête, et c'est la tienne aussi.

Cette journée, qui resta célèbre dans les fastes de l'ancienne Académie, eut son côté enfantin, qui, aujourd'hui, en est peut-être le plus intéressant. Après la lecture de La Motte, « le roi, raconte Dangeau, voulut voir comment on élisoit les officiers, et on lui apporta une petite boîte à ressort destinée à cela, et que M. Dacier fit jouer ». Le jeune souverain envoya aussi son portrait à l'Académie.

Fig. 31. — Frontispice de la Dédicace au roi, dans la deuxième édition du Dictionnaire de l'Académie (1718), gravé par Audran. (Le médaillon est le portrait de Louis XV enfant.)

Si c'était la première fois que l'Académie recevait la visite du roi de France, elle avait déjà reçu, et elle reçut encore depuis, celle de plusieurs souverains ou princes étrangers. En 1656, la fille de Gustave-Adolphe, Christine reine de Suède, qui deux ans auparavant avait volontairement abdiqué la couronne, étant venue en France, avait été haranguée par Patru. En 1658, le 11 mars, elle se rendit elle-même dans le sein de la Compagnie, qui tenait encore ses séances chez le chancelier Seguier. Conrart a raconté ainsi cette visite royale :

« M. l'abbé de Bois-Robert ayant fait savoir, le matin, à Mgr le Chancelier que la reine vouloit faire l'honneur de se trouver à l'assemblée qui se devoit tenir l'après-midi, M. le Directeur fit avertir ce qu'il put d'académiciens... Sa Majesté arriva chez Mgr le Chancelier, qui la fut recevoir à son carrosse avec tous les académiciens en corps ; et, l'ayant conduite dans son antichambre, au bout de la salle du conseil, où étoit une table longue, couverte de tapis de velours vert à franges d'or, la reine se mit dans une chaise à bras au bout de cette table, Mgr le Chancelier à sa gauche, sur une chaise à dos et sans bras, laissant quelque espace vide entre Sa Majesté et lui ; M. le Directeur étoit de l'autre côté de la table, mais un peu plus bas et plus éloigné de la table, debout, et tous les académiciens aussi. » Les académiciens s'assirent ensuite « sur des chaises à dos. » L'abbé de La Chambre, l'abbé Cotin, Bois-Robert, Pellisson, lurent ensuite quelques morceaux de prose et de vers. La reine se leva ensuite, et fut reconduite par le Chancelier et tous les académiciens.

Ce ne fut pas la dernière visite royale ou princière que reçut l'Académie. Au dix-huitième siècle, ces visites se multiplièrent surtout de la part des souverains du Nord. Le roi de Danemark, Christian VII, en 1768 ; Gustave IV, roi de Suède, en 1771 et en 1784 ; le fils de Catherine II, sous le titre de *comte du Nord*, en 1782, les frères de Marie-Antoinette, Joseph II et l'archiduc Maximilien, honorèrent l'Académie française de leur présence.

L'égalité académique, si chère à la compagnie et si soigneusement défendue par Louis XIV, faillit être compromise à cette époque par deux incidents, dont l'un eut une certaine importance.

Le maréchal de Villars, qui cachait beaucoup d'habileté sous un air de légèreté, de bonne humeur, et qui, dans le repos qui suivit pour lui la paix d'Utrecht, était devenu fort exact aux séances de l'Académie, se laissa aller à la pensée de se mettre là un peu hors de pair. Un jour, il demanda à ses chers confrères la permission, ne pouvant pas être aussi souvent parmi eux qu'il l'aurait voulu, de leur envoyer son portrait. La compagnie en fut d'abord ravie, mais, comme il n'y avait dans la salle de ses séances que quatre portraits : ceux de Richelieu et de Seguier, de Louis XIV et de Louis XV, elle craignit que ce présent dangereux ne devint le signe d'une sorte de supériorité de Villars sur les autres académiciens. Valincour la tira adroitement de ce péril, en offrant à la compagnie deux autres portraits d'académiciens : ceux de Racine et de Boileau.

Le second incident fut plus grave. A la mort de Dacier, le 18 septembre 1722, le cardinal Dubois s'était présenté pour lui succéder, et avait été élu, nonobstant la singulière forme dans laquelle il avait posé sa candidature, disant aux académiciens qu'il « ne rougirait pas d'être leur confrère ». Le 3 décembre, il fut reçu par Fontenelle, qui le traita de *Monseigneur*. Précédemment ce titre avait été refusé par Seguier et par Colbert. On chercha à éviter les conséquences de cette flatterie, en alléguant que ce titre avait été donné au cardinal, non au ministre, et que, si MM. de Rohan et de Polignac ne l'avaient pas reçu, c'est qu'ils n'étaient pas cardinaux lors de leur réception.

Les huit années de la régence du duc d'Orléans (1715-1723), furent, de sa part du moins, un temps d'indépendance pour l'Académie. Dans l'affaire de l'abbé de Saint-Pierre, il avait plutôt cédé à une cabale académique, qu'il n'avait contraint la compagnie. Sa nature facile, indolente, ne le portait pas à imposer des hommes de son choix. Il l'avait bien montré en 1712, lorsque Rémond, son introducteur des ambassadeurs, sur lequel courait une chanson piquante de Mme de Coigny, avait voulu se présenter. Fontenelle, qu'il logeait alors au Palais-Royal, et auquel il parla en faveur du candidat, lui ayant dit qu'il ne connaissait à son actif aucun ouvrage imprimé qui justifiât ce choix; « Ni moi non plus, repartit ce prince; encore s'il avait fait la chanson! » Il n'insista plus, et quelqu'un de sa cour ayant trouvé étrange qu'un homme qu'il logeait lui refusât sa voix : « Bon, répondit-il, un homme que je loge dans un galetas ! »

Le personnage qui, dès cette époque, pèse le plus sur les élections, c'est Fleury, évêque de Fréjus, précepteur du jeune roi, qui en 1717 a été élu à la place de Callières. Avec lui, le parti moliniste qui soutient la bulle *Unigenitus* entre à l'Académie, et va, jusqu'à sa mort, en écarter les *appelants*, nouveau nom donné aux jansénistes.

Sur les 18 élections qui eurent lieu sous la Régence, les seules que les lettres peuvent réclamer, sont, en 1719

Fig. 92. — Massillon, d'après un tableau du Musée de Versailles.

celles de Massillon et de Dubos, un précurseur de la critique d'art, du poète comique Destouches et de l'abbé d'Olivet, en 1723. Parmi les autres élus, la cour compte le duc de Richelieu; les fonctions publiques, d'Argenson, lieutenant général de police; Fleuriau de Morville, ministre de la marine; l'abbé Alary, sous-précepteur de Louis XV;

Boivin de Villeneuve, garde de la Bibliothèque du roi. L'abbé Houtteville (1723) dut son entrée au cardinal Dubois, dont il était le secrétaire ; l'abbé Mongault, précepteur du duc de Chartres (1718), l'abbé Dubos et l'abbé de Roquette (1720), Boivin, le président Hénault et le philologue Jacques Adam (1723), à M{ᵐᵉ} de Lambert, dont ils fréquentaient le salon.

L'on ne voit pas que le ministère de M. le Duc, pendant ses deux années d'existence (1724 et 1725), ait beaucoup influé sur l'Académie, qui n'eut d'ailleurs à élire que deux membres, l'abbé d'Antin, un petit-fils de M{ᵐᵉ} de Montespan, et un magistrat, le premier président Portail.

Il n'en fut pas de même sous le long ministère du cardinal Fleury. Jusqu'à sa mort, le 29 janvier 1743, ce ministre-académicien s'immisça dans les affaires de la compagnie, comme personne n'avait fait jusque-là. S'attachant à écarter quiconque pouvait être soupçonné d'hostilité à la bulle *Unigenitus*, tels que l'excellent Rollin et Louis Racine, ce fils du grand Racine, mais auteur du poème de *la Grâce*, entaché de jansénisme, et qui se présenta vainement en 1719, 1739 et 1742, il patronne, au contraire, les candidats molinistes, comme Poncet de La Rivière, évêque d'Angers (1729), Surian, évêque de Vence (1733), l'abbé Séguy, et Boyer, évêque de Mirepoix (1736). Ce dernier devait le remplacer dans ses proscriptions académiques. C'est l'époque où l'Académie élut peut-être le plus de gens de cour : le duc de Saint-Aignan (1727), Bussy-Rabutin, évêque de Luçon, fils du correspondant de M{ᵐᵉ} de Sévigné

(1732), le duc de Villars, fils du maréchal, mais qui n'avait pas les mêmes titres de gloire que son père (1738), le duc de La Trémoille (1738). Les seuls littérateurs que l'on admit, dans ces dix-sept années, furent : Mirabaud (1726), traducteur de la *Jérusalem délivrée*, mais avant tout ancien secrétaire de la duchesse d'Orléans et protégé par ses filles; le président Bouhier (1727), Montesquieu

Fig. 38. — Montesquieu, d'après le portrait de Chardet, gravé par Tardieu.

(1728), Crébillon le tragique (1731), Terrasson (1732), Moncrif (1733), l'historien des chats, *l'historiographe* comme on dira bientôt; La Chaussée, l'inventeur de la comédie larmoyante (1736); enfin, Marivaux (1742).

De ces élections, la plus importante par les obstacles qu'elle rencontra, par son caractère et sa portée, fut celle de Montesquieu. Avec lui le parti philosophique pénétra pour la première fois à l'Académie. Montesquieu avait alors trente-neuf ans. Ses *Lettres persanes* dataient de 1721 seulement, et l'on y trouvait ce passage sur la compagnie, où il sollicitait aujourd'hui d'être admis : « J'ai ouï parler d'une espèce de tribunal qu'on appelle l'Académie Françoise. Il n'y en a pas de moins respecté dans le monde ; car on dit qu'aussitôt qu'il a décidé, le peuple casse ses arrêts et lui impose des lois qu'il est obligé de suivre. » Ce ne fut pas, cependant, de cette boutade qu'on se fit une arme contre sa candidature, mais de certaines phrases mal sonnantes de la lettre XXIV, sur « deux magiciens » qui ne sont autres que « le roi de France et le pape ».

Une première fois déjà, en 1725, il s'était présenté, et même avait été élu, mais l'on s'en était presque aussitôt repenti. L'élection avait été invalidée, sous prétexte de non-résidence, et plus vraisemblablement pour des raisons où les *Lettres persanes* entrèrent pour beaucoup. En 1727, il se représenta, à la mort de Sacy, un ami de la marquise de Lambert, laquelle le poussait fort elle-même. La déclaration faite alors par Fleury, que le roi — c'est-à-dire Fleury, son ministre — ne sanctionnerait pas l'élection, aurait sans doute amené pour Montesquieu un nouvel échec, s'il ne s'était avisé de désavouer de fait les passages incriminés, en présentant au cardinal un exemplaire des *Lettres persanes*, dans lequel ils étaient remplacés par des *cartons*. Que le cardinal ait été dupe ou non de cette finesse — peu digne d'ailleurs d'un grand caractère — il ne s'opposa plus à l'entrée de Montesquieu à l'Académie. Celui-ci fut élu à la majorité des suffrages sur 16 votants

(5 janvier 1728). Il fut reçu, le 24, par Mallet; en 1725, il l'eût été par Fontenelle. Ce Mallet lui adressa, dans son discours, cette invitation épigrammatique : « Venez nous

Fig. 54. — Marivaux, d'après le portrait de Pougin de Saint-Aubin, gravé par Ingouf (1761).

aider à célébrer... ce cardinal, également judicieux et actif, qui pénètre avec facilité le fond des affaires les plus importantes, en prévoit toutes les suites. »

Quelques personnes trouvèrent, cependant, que Fleury n'avait pas prévu celles qu'aurait cette élection. « On a justement reproché, dit d'Argenson, au cardinal Fleury, si sage d'ailleurs, d'avoir montré dans cette occasion une mollesse qui pourra avoir de grandes conséquences. »

Les deux élections de Mairan, un physicien, et de Maupertuis, un astronome, vinrent renforcer, en 1743, le parti philosophique dans l'Académie. Grand ami alors de Voltaire, Maupertuis devait se brouiller ensuite avec lui, et en être ridiculisé sous le nom de *docteur Akakia*. Il avait succédé à l'abbé de Saint-Pierre, mais il ne lui fut pas permis d'en faire l'éloge.

L'année précédente, Voltaire s'était présenté pour succéder à l'abbé Houtteville; il avait alors quarante-huit ans. Dès 1731, à la mort de La Motte et à celle de M. de Morville, il avait songé à l'Académie, mais de Boze avait déclaré qu'il ne serait « jamais un sujet académique ». En 1742, c'est Fleury qui lui était hostile, et on lui préféra Marivaux, un rival du moins digne de lui. Une nouvelle tentative, en 1743, pour occuper le fauteuil de Fleury lui-même, ne fut pas plus heureuse, bien que le roi lui eût donné à l'avance son agrément. Malgré l'éclatant succès de *Mérope*, jouée en ce moment même, il échoua contre l'opposition de Boyer, évêque de Mirepoix, qui, depuis la mort du cardinal, était, avec Languet de Gergy, à la tête du parti anti-philosophique à l'Académie. Il ne lui avait servi de rien d'écrire à ce prélat la lettre célèbre dans laquelle on lit : « Je veux dire, devant Dieu qui m'écoute, que je suis bon citoyen et vrai catholique, et je le dis uniquement parce que je l'ai toujours été dans le cœur. » L'abbé de Luynes, évêque de Bayeux, dont la candidature avait été suscitée par M. de Maurepas, en haine de la duchesse de Châteauroux, protectrice de Voltaire, lui fut préféré (25 mars 1743). Dès lors, l'évêque de Mirepoix ne fut plus appelé par Voltaire que « le théatin Boyer, » et « l'âne de Mirepoix ».

Trois ans se passèrent, quatre vacances académiques se produisirent à la mort des abbés Bignon, de Saint-Pierre, Gédoyn et de Rothelin, qui furent remplacés par un autre Bignon, Maupertuis, Bernis et l'abbé Girard, le grammairien, sans que Voltaire se représentât. Mais il n'avait pas perdu de vue l'Académie, et à la mort du président Bouhier (17 mars 1746), il se mit sur les rangs. Cette fois, il avait su mettre de son côté non seulement le roi, par Mme de Pompadour et tous les amis de celle-ci, mais aussi la reine et les académiciens de son cercle, le président Hénault, Moncrif, l'abbé Alary, l'abbé de Saint-Cyr, précepteur du dauphin. Il fut élu, le 25 avril, vingt-neuf académiciens étant présents. Il l'avait été, selon lui, « tout d'une voix, » sans même que l'évêque de Mirepoix lui eût fait opposition ; « à la pluralité des suffrages, » selon les registres de l'Académie.

Sa réception eut lieu le 9 mai, et fut remarquable à plus d'un titre. L'académicien, chargé de le recevoir, était, chose piquante, l'abbé d'Olivet, son ancien maître du collège Louis-le-Grand. Dans son discours, Voltaire rompit avec la monotonie des anciens usages académiques. Il fut plus varié, mais plus long aussi, que ne l'avaient été jusque-là les récipiendaires. Après avoir fait un rapide historique de la formation de notre langue et de son génie, il présenta un magnifique tableau de nos grands écrivains et de l'universalité de la langue française. Il loua directement ou par allusion Montesquieu, Fontenelle, Crébillon, qu'il devait bientôt si mal traiter, d'Olivet, Hénault, et même le roi de Prusse. A la fin de cette séance, Voltaire lut l'introduction de l'*Histoire des campagnes du Roi*, à laquelle il travaillait alors comme historiographe de France.

Si l'élection de Voltaire eut plus d'éclat, celle de Duclos, qui, l'année suivante, succéda à l'abbé Mongault, eut des conséquences plus importantes pour l'Académie elle-même. Huit ans plus tard, en effet, Duclos était nommé secrétaire perpétuel (1755), et les dix-sept années pendant lesquelles il exerça ces fonctions, jusqu'à sa mort en 1772, furent marquées par des événements considérables dans l'histoire intérieure de l'Académie.

C'est l'époque où le parti philosophique, on dira bientôt les Encyclopédistes, domine décidément dans l'Académie, et y fait la loi. Dacier, le quatrième des secrétaires perpétuels, avait eu pour successeur en 1722 l'abbé Duclos, remplacé lui-même en 1742 par l'abbé Houtteville, et celui-ci en 1742 par Mirabaud, qui s'était démis volontairement. Le talent et la renommée d'aucun d'eux n'avaient répondu à cette haute situation académique. Il en fut autrement avec Duclos, dont l'esprit caustique, l'autorité dans les salons, la rudesse mêlée de finesse et d'habileté, firent une véritable puissance parmi ses

Fig. 35. — Voltaire, d'après le buste de Houdon. (Musée du Louvre.)

contemporains. L'Académie lui dut une réforme importante, et l'affirmation du principe d'égalité qui la régissait, même à l'encontre d'un prince de la maison de Bourbon.

Jusque-là le régime intérieur de l'Académie avait reçu peu de modifications. Le droit de *Committimus* avait été confirmé pour ses membres en août 1669, en décembre 1673 et en juin 1719. Une délibération de la compagnie, du 2 janvier 1721, avait réglé particulièrement les élections. « Les Académiciens, y lisait-on, promettront sur leur honneur de n'avoir aucun égard pour les sollicitations, de quelque nature qu'elles puissent être; de n'engager jamais leur parole, et de conserver leur suffrage libre, pour ne le donner, le jour de l'élection qu'à celui qui leur en paraîtra le plus digne. » Le 30 mai 1752, un *Règlement pour l'Académie* avait sanctionné, et en quelque sorte codifié les diverses modifications apportées à sa constitution primitive datant de Louis XIII. Un changement plus important fut celui qui, un peu plus tard, supprima l'un des deux scrutins, jusque-là nécessaires.

Ce fut sur l'initiative de Duclos qu'en 1755, l'Académie fut amenée à substituer, pour sujet des prix d'éloquence et de poésie, l'éloge des grands hommes à celui de Louis XIV qui, depuis le protectorat de ce prince, et surtout depuis la fondation de 1699, due à M. de Clermont-Tonnerre, évêque de Noyon, avait défrayé ces compositions. Duclos a lui-même ainsi raconté cet épisode de l'histoire de l'Académie : « La plupart des sujets proposés pour le prix d'éloquence étoient de morale, et la chaire offre assez de modèles et d'occasions de s'exercer sur cette matière. L'Académie crut devoir proposer des sujets d'un genre plus neuf. A l'égard du prix de poésie, les louanges de Louis XIV en faisoient depuis longtemps la matière, et, quelque soit le mérite d'un prince, ce sujet n'est pas inépuisable. Ces considérations firent naître l'idée de proposer pour prix d'éloquence les éloges des hommes illustres de la nation dans tous les genres, sans exception de rang, de titre ou de naissance. Rois, guerriers, magistrats, philosophes, hommes de génie, tous ont les mêmes droits à notre hommage. L'Académie n'envisage que la supériorité personnelle de chacun sur ses rivaux, qui n'est jamais mieux décidée qu'après sa mort. Le public a hautement approuvé le parti que nous prenions. »

Cette réforme donna naissance à un nouveau genre littéraire, celui de l'*éloge*, dont Thomas, bientôt après, donna à la fois le précepte et l'exemple, et auquel il dut lui-même son entrée à l'Académie. Chamfort, La Harpe, Guibert, et de notre temps MM. Villemain, Saint-Marc Girardin, Patin, y remportèrent leurs premiers succès littéraires. Encore aujourd'hui, l'Académie française est restée fidèle à l'idée et à la réforme de Duclos, et, tous les deux ans, elle donne, pour le concours d'éloquence, un de ces sujets d'éloge, dont quelques-uns sont devenus l'occasion d'œuvres remarquables.

Duclos prit aussi une part prépondérante à la nouvelle édition du Dictionnaire de l'Académie, qui parut en 1762. C'était la quatrième; elle se distinguait des autres par une importante réforme dans la nomenclature des mots. On y avait admis les termes élémentaires des sciences, des arts et même des métiers. On y reconnaissait aussi les progrès faits par l'esprit philosophique et scientifique, dans l'étymologie et la définition des mots. Duclos en écrivit la préface.

Duclos rendit à l'Académie un service plus signalé encore : ce fut de la défendre contre ses propres entraînements, lors de l'élection du comte de Clermont, descendant du grand Condé. En 1743, à la mort de M. de Boze, ce prince, à la fois abbé de Saint-Germain des Prés et général d'armée, qui, à son château de Berny et à Paris, tenait une petite cour aimable et lettrée, avait eu la pensée d'entrer à l'Académie. Il s'en ouvrit d'abord, sous le sceau du secret, à Duclos et à une dizaine de ses confrères. « Leur premier mouvement, a-t-il raconté, fut d'en marquer au prince leur joie et leur reconnaissance. » Duclos garda plus de sang-froid, et considéra les conséquences. « Je partageai, dit-il, le second de ces sentiments; mais je les priai d'examiner si cet honneur seroit pour la compagnie un bien ou un mal; s'il ne pouvoit pas devenir dangereux; si l'égalité, que le roi veut qui règne dans nos séances entre tous les académiciens, s'étendroit jusqu'à un prince du sang... »

Quelle place occuperait le comte de Clermont? quel titre recevrait-il? Tel fut l'objet de deux mémoires, que Duclos rédigea et où il concluait au maintien de l'égalité

Fig. 26. — L'abbé Delille récitant des vers dans le salon de Madame Geoffrin, d'après Tquenay, XVIII° s.

la plus parfaite. « Si V. A. S., disait-il, fait à l'Académie l'honneur d'y entrer, elle doit confirmer, par sa présence, le droit du corps, en ne prenant jamais place au-dessus de ses officiers. S. A. S. jouira d'un plaisir qu'elle trouve bien rarement, celui d'avoir des égaux. »

Le prince « souscrivit à tout, » et fut élu le 30 novembre. Cependant, il ne prononça pas de discours, et n'avait pas fait les visites traditionnelles, ce qui le différenciait bien un peu des autres académiciens. A part cela, tout se passa comme à l'ordinaire. « Quelques jours après, raconte Duclos, il vint à l'assemblée sans s'être fait annoncer ; combla de politesses et même de témoignages tous ses nouveaux confrères, ne les nommant jamais autrement ; les invita à vivre avec lui ; opina très bien sur les questions qui furent agitées pendant la séance ; reçut ses jetons, se trouvant, dit-il, honoré du partage... Quelque temps après, le sort l'ayant fait Directeur, il en remplit les devoirs, au sujet du nouvel arrangement à l'égard des prix, en allant présenter au roi le vœu de la compagnie. »

En 1759, Duclos eut à défendre les *entrées* des académiciens à la Comédie-Française, contre le duc d'Aumont, premier gentilhomme de la Chambre, qui avait les spectacles dans son service. Ce droit existait depuis 1732, où Quinault l'aîné, accompagné de six autres députés de la Comédie, était venu les offrir à l'Académie, en disant : « La crainte d'un refus nous a retenu jusqu'à présent, mais aujourd'hui que nous apprenons que vous ne dédaignerez pas d'accepter l'entrée de notre spectacle, nous venons vous l'offrir. En l'acceptant, vous nous honorerez infiniment. » En voyant ce droit si bien établi, le duc d'Aumont répondit à Duclos, avec beaucoup de politesse, « qu'il étoit par là privé du plaisir de les offrir à l'Académie ».

Certaines élections semblaient indiquer une tendance de l'Académie française à choisir ses membres parmi les compagnies voisines. Duclos fut toujours contraire à ce cumul des titres académiques. Il ne voulait pas « que les académies se pénétrassent ». Ses mots sur l'Académie et les candidats sont restés célèbres. « L'Académie n'est pas instituée pour donner l'extrême-onction, » répondit-il à Bougainville, qui se recommandait de son grand âge. Et à un autre candidat : « L'Académie n'est pas un hôtel des Invalides. » — Après un arrêt de l'Académie : « Nous nous croyons plus forts qu'un particulier, mais le public est plus fort que nous. »

Le parti philosophique, entré à l'Académie avec Voltaire et Duclos, y domine de plus en plus, aidé qu'il est par les salons de Mme Geoffrin et de Mlle de Lespinasse, devenus les antichambres de l'Académie. C'est Gresset (1748), échappé des Jésuites et qui ne fait pas encore pénitence ; Buffon (1753), qui exclut le malheureux Piron, auteur d'un chef-d'œuvre, *la Métromanie*, mais dont la muse a un gros péché de jeunesse à se reprocher ; d'Alembert (1754), qui, depuis trois ans déjà, a lancé l'*Encyclopédie* : successeurs illustres de Danchet, de Languet de

Gergy et de Surian. Mais une réaction se produit pendant les années 1755-1759. Si Boissy (1754), Châteaubrun (1755), qui remplacent celui-ci Montesquieu, celui-là Destouches, sont des écrivains dramatiques sans attache particulière, le parti religieux l'emporte de nouveau en 1751, avec Montazet, évêque d'Autun, et Seguier; en 1758, avec La Curne de Sainte-Palaye ; en 1760, avec le Franc de Pompignan, dont le discours fut un véritable réquisitoire contre les philosophes. Voltaire répondit à ce discours en suscitant, l'année suivante, la candidature de Diderot, qui ne réussit pas, Diderot y mit d'ailleurs peu d'ardeur, n'étant pas « possédé du démon des Académies ».

Les grands seigneurs deviennent moins nombreux, et de 1748 à 1771, ils fournissent à l'Académie seulement cinq ou six noms : le marquis de Paulmy (1748), le maréchal de Belle-Isle (1749), le comte de Thiard (1750), de Coetlosquet, évêque de Limoges (1761), de Roquelaure (1771), aumônier du Roi. Quant au prince de Rohan (1176) et au prince de Beauvau (1771), ils sont, avant tout, patronés par le parti philosophique.

A partir de 1761, les encyclopédistes l'emportent de nouveau, et leur victoire se continue sans interruption jusqu'à la fin du règne de Louis XV. C'est à peine si quelques élections contraires, celles de Batteux et de l'abbé Trublet en 1761, de Voisenon (1762), qui exclue La Harpe, l'élève de Voltaire, et de l'abbé de Radonvilliers (1763), sous-précopteur des enfants de France, les deux premiers candidats du parti religieux, les deux autres protégés par la cour, se produisent au milieu de la foule des nouveaux académiciens philosophes.

Beaucoup de ces derniers élus, il faut le dire, sont des médiocrités : Saurin (1761), dont le discours de réception fut comme la contre-partie de celui de Le Franc de Pompignan, prononcé l'année précédente; Marmontel (1763), Thomas (1766), dont l'*Éloge de Sully* a été couronné un an auparavant, le versificateur Saint-Lambert (1770), Loménie de Brienne (1770), archevêque de Toulouse, prélat philosophe, dont la réception fournit à Thomas l'occasion de rendre foudre pour foudre au réquisitoire que l'avocat général Seguier venait de prononcer contre le *Système de la nature* (17 sept.); Gaillard, le prince de Beauvau, et l'abbé Arnaud, en 1771. La même année, Belloy n'est admis que comme poète patriote dans *le Siège de Calais*, qui, en 1765, a eu le plus grand succès à Paris et à Versailles.

Mais, en 1772, la guerre a éclaté entre l'Académie et le pouvoir. Le 6 avril, le roi écrit à l'Académie pour l'engager « à apporter le plus grand soin au choix de ses sujets, à leurs mœurs, à leurs opinions, pour remplir les places vacantes, afin de lui épargner le désagrément de rejeter ceux que l'Académie auroit choisis ». Louis XV ne parlait pas autrement que n'avait parlé, nous ne dirons pas Louis XIV, mais le cardinal de Richelieu. Seulement les temps étaient autres. Le même jour, le 7 mai, l'Académie élut Delille et Suard, deux candidats désagréables au roi, qui refusa sa ratification, sous prétexte qu'une double élection dans une même séance était contraire aux statuts.

Ce fut le dernier acte du protectorat de Louis XV. Brequigny et Beauzée furent nommés, par une sorte de transaction ; ils remplaçaient Bignon et Duclos.

CHAPITRE VI.

PROTECTORAT DE LOUIS XVI. — LA RÉVOLUTION. — SUPPRESSION DE L'ACADÉMIE.

(1774-1793.)

Le protectorat du nouveau roi, qui fut, de tous, le plus libéral pour l'Académie, fut aussi celui où l'indépendance académique eut le plus d'occasions de s'exercer. Dans sa durée effective, sinon nominale, de quinze ans (1774-1789), il n'y eut pas moins de trente-et-une élections, soit à peu près deux par année. A de très rares exceptions près, elles furent toutes au profit des candidats du parti philosophique.

Le triomphe des encyclopédistes s'était affirmé, peu de temps auparavant, d'une façon éclatante, par le choix de d'Alembert pour secrétaire perpétuel, à la mort de Duclos (1772). Le protectorat de Louis XVI s'ouvrit par la double réception de Delille et de Suard, à laquelle ne s'opposait plus le veto royal (juillet, août 1774). « C'était, disait Voltaire, une aurore qui semblait annoncer le plus beau jour. » Si l'Académie élit encore des grands seigneurs, des prélats, des magistrats, c'est parce qu'ils sont avant tout dévoués aux idées nouvelles : tels le chevalier de Chastellux (1775), l'ami de Mlle de Lespinasse, l'auteur d'un traité de *la Félicité publique,* qui donne pour objet à tout gouvernement « le plus grand bonheur du plus grand nombre d'individus »; et le duc de Duras, dont d'Alembert compte opposer l'influence à celle du maréchal de Richelieu; le comte de Tressan (1780), le comte de Choiseul-Gouffier et le comte de Montesquiou (1784), le marquis d'Aguesseau (1788), le duc d'Harcourt (1789); Boisgelin de Cucé, archevêque d'Aix (1776), et l'abbé Maury (1784), un prélat et un abbé philosophes; Malesherbes (1775), tout populaire encore de son opposition au parlement Maupeou et de sa protection accordée à J.-J. Rousseau; Nicolaï, premier président de la chambre des comptes, encore un ennemi de Maupeou. Mais le plus continu, le plus large flot académique de cette période, c'est celui des littérateurs, plus ou moins célèbres, quelques-uns médiocres, mais tous philosophes : La Harpe (1776), Millot (1777), Ducis (1778), Chabanon (1780), Chamfort et Lemierre (1781), Condorcet (1782), Bailly (1784), Morellet (1785), — l'abbé *Mord les,* comme on l'appelait alors pour ses pamphlets contre les Linguet et les Fréron, — Guibert, l'ancien ami de Mlle de Lespinasse, et Sedaine (1786), Rulhière (1787), Vicq d'Azyr et le chevalier de Boufflers (1788). Seuls, Florian en 1788, et l'abbé Barthélemy en 1789, entrèrent à l'Académie moins pour leurs opinions philosophiques qui, du reste, n'étaient pas contraires au parti dominant, que par la protection du duc de Penthièvre et de la duchesse de Choiseul, la femme de l'ancien ministre.

Parmi ces réceptions, trois ou quatre se distinguent des autres par leur importance ou leur éclat. Le 16 février 1775, Malesherbes le récipiendaire, l'ami de Turgot, dont, quelques jours après, il allait devenir le collaborateur au ministère, prononça ces paroles, qui furent couvertes d'applaudissements : « Osons dire qu'un heureux enthousiasme s'est emparé de tous les esprits, et que le temps est venu où tout homme capable de parler, et surtout d'écrire, se croit obligé de diriger ses méditations vers le bien public. » Il faut citer ensuite la réception de Ducis (4 mars 1779), moins pour le mérite de son discours que pour l'éloge de Voltaire auquel il succédait, et la difficulté d'un tel sujet pour l'abbé de Radonvilliers qui reçut le nouvel élu ; celle de Condorcet, pour son caractère ultra-philosophique (21 février 1782), et les obstacles que Maurepas, jusqu'à sa mort, lui avait suscités ; celle de Vicq d'Azyr, pour son admirable éloge de Buffon qu'il remplaçait (11 décembre 1788).

Si paisibles que les rapports entre l'Académie et le protecteur aient été en général pendant cette période, ils furent cependant un instant troublés, en 1775 et en 1779, par les audaces de deux abbés philosophes, les abbés de Besplas et d'Espagnac, dans le panégyrique de saint Louis que l'Académie était dans l'usage de faire prononcer.

Cette solennité avait lieu dans la chapelle du Louvre, à l'occasion de la Saint-Louis, le 25 août, jour où l'Académie tenait sa séance solennelle. Partisans des doctrines de l'économiste Quesnay, mort l'année précédente, l'abbé de Besplas, qui était aumônier du comte de Provence, frère du roi, avait parlé en chaire plutôt de la « sainte agriculture » que du saint roi. Dans une occasion semblable, l'abbé Le Couturier avait déjà, en 1769, donné l'exemple d'un de ces sermons plus philosophiques que religieux.

En 1777, un conflit faillit s'élever entre l'Académie et la Sorbonne au sujet de l'*Éloge de l'Hospital* par l'abbé Remy, que la première avait couronné.

Dans les dernières années de sa vie et de son ministère, le comte de Maurepas songea même, dit-on, comme précédemment Maupeou, à supprimer l'Académie, soutenu en cela par Monsieur, qui disait que « s'il était jamais roi, ce serait la première mesure de son règne ». Louis XVIII se chargea de démentir le comte de Provence.

La mort de Maurepas (21 novembre 1781), celle de d'Alembert (29 octobre 1783), et son remplacement, comme secrétaire perpétuel, par Marmontel, esprit plus modéré, plus conciliant, ramenèrent un peu de calme dans le monde académique, qui, depuis 1777, se passionnait surtout pour une querelle musicale, celle des Gluckistes et des Piccinistes; ils avaient pour chefs, les premiers, Suard et son ami l'abbé Arnaud; les seconds, d'Alembert, Marmontel et La Harpe.

Les bons rapports de l'Académie et de la cour s'étaient

Fig. 37. — D'Alembert, d'après le dessin de Jollain, gravé par Henriquez. XVIIIe siècle.

si bien rétablis, qu'en 1785 le ministre Calonne doubla la valeur des jetons, qui furent portés à trois livres, et le traitement du secrétaire perpétuel élevé de douze cents livres à mille écus.

Le comte d'Artois donna pour le concours de poésie de 1785, dont le sujet était le dévouement du prince Léopold de Brunswick, noyé dans une inondation en essayant d'en sauver les victimes, une médaille de 3,000 livres. Les libéralités en faveur de l'Académie se multipliaient. En 1778, le comte de Valbelle lui léguait 24,000 livres, destinées à établir un prix en faveur d'un homme de lettres, et, en 1782, M. de Montyon, qui, en 1777, avait obtenu un deuxième accessit pour son *Éloge de l'Hospital*, inaugurait cette série de fondations qui ont rendu son nom célèbre.

Mais l'événement qui domine toute cette période de l'histoire de l'Académie, c'est ce qu'on pourrait appeler le couronnement de Voltaire, son apothéose.

Le 10 mars 1778, Voltaire était arrivé à Paris, après vingt-huit ans d'absence ou plutôt d'exil volontaire. L'enthousiasme fut grand parmi les académiciens, la plupart ses amis ou ses protégés littéraires. Dès le 12, l'Académie l'envoya complimenter par le prince de Beauvau. Une première atteinte (15 février-4 mars) de la maladie qui l'emportera bientôt, redouble la sollicitude admirative de ses confrères. La Harpe, député vers lui, lui annonce « qu'on a arrêté et mis sur les registres que, tant que la maladie durerait, on enverrait à toutes les séances savoir de ses nouvelles. » Voltaire, qui venait de se confesser à l'abbé Gaultier, chapelain des Incurables, lui répond « qu'il n'a pas cru pouvoir mieux reconnaître les bontés de l'Académie, qu'en remplissant ses devoirs de chrétien, afin d'être enterré en terre sainte, et d'avoir un service aux Cordeliers ». C'était l'église où l'Académie faisait dire un service pour chacun de ses membres décédés.

Aussitôt rétabli, sa première visite, après la représentation triomphale de sa médiocre tragédie d'*Irène* (16 mars), est pour l'Académie. Le 30 mars, jour où elle tenait une séance particulière, il se rend en carrosse, vers les quatre heures, au Louvre, où plus de deux mille personnes l'accueillent aux cris de : « Vive M. de Voltaire! » La compagnie, dérogeant à ses usages, alla en corps au devant de lui jusqu'à la première salle. Les académiciens étaient au nombre de vingt, parmi lesquels les abbés Arnaud, de Boismont et Millot; les autres académiciens appartenant à l'Église avaient cru convenable de s'abstenir. Voltaire occupa le fauteuil même du Directeur, et la succession de celui-ci lui fut décernée d'une voix unanime, sans procéder au tirage au sort comme l'aurait voulu le règlement. L'*Éloge* de Boileau, que d'Alembert lut ensuite, fut plein d'allusions flatteuses à l'illustre écrivain. Quand Voltaire sortit pour se rendre, par le Carrousel, au Théâtre-Français, une foule immense s'y pressait encore pour l'acclamer.

Une seconde visite que, le 27 avril, Voltaire fit à l'Académie, et qui fut moins pompeuse, eut plus de résultats. A propos d'une lecture que l'abbé Delille venait de faire en sa présence de passages de son poème des *Jardins*, et de sa traduction de l'*Essai sur l'homme* de Pope, Voltaire se mit à parler de la langue française et de la néces-

Fig. 38. — M. de Moutyon.

sité d'enrichir le Dictionnaire de mots nouveaux, ou plutôt de mots délaissés ou restés trop exclusivement dans le domaine populaire. « Notre langue est une gueuse, qu'il faut enrichir malgré elle, » dit-il. Et avec sa vivacité d'imagination habituelle, il traça sans plus tarder le plan d'une future édition du Dictionnaire. Le 7 mai, à une nouvelle réunion : il arrive avec ce plan minutieusement arrêté, et le fait adopter séance tenante. « Messieurs, je vous remercie au nom de l'alphabet, » dit-il à ses confrères, après ce vote.

Le nouveau Dictionnaire devra contenir : l'étymologie de chaque mot, la conjugaison des verbes irréguliers qui sont peu en usage, les diverses acceptions de chaque terme, avec exemples tirés des auteurs les plus approuvés ; toutes les expressions pittoresques et énergiques de Montaigne, Amyot, etc., qu'il est à souhaiter qu'on fasse revivre.

Voltaire reprenait ainsi les idées de Fénelon, et jetait les bases d'un Dictionnaire historique. « Chaque académicien devait se charger d'une lettre de l'alphabet. Voltaire, malgré ses quatre-vingt-quatre ans, prit la lettre A, qu'il commença aussitôt. « Vous voulez donc me faire mourir de plaisir ? » avait-il dit à la dixième représentation d'*Irène*, où son buste avait été couronné. On le fit aussi mourir de fatigue. Le 30 mai, il expirait.

L'Académie s'adressa au prieur des Cordeliers pour faire célébrer un service funèbre, comme elle le faisait à la mort de chaque académicien. Ce religieux ayant répondu qu'il lui fallait un ordre de l'autorité supérieure, elle envoya une députation au comte de Maurepas. Le ministre donna une réponse évasive. Alors elle décida qu'il n'y aurait plus de service pour aucun de ses membres jusqu'à ce que celui de Voltaire eût été autorisé. Les choses restèrent en cet état jusqu'en décembre 1779, où l'Académie sortit de cette difficulté en décidant, sur la proposition de M. de Boisgelin de Cucé, qu'au lieu d'un service spécial pour chaque académicien, elle en établirait un à perpétuité pour tous ceux que la compagnie aurait perdus.

Cette même année, elle proposa l'*Éloge de Voltaire* pour sujet de concours de poésie. Ce fut La Harpe qui remporta le prix (25 août 1779); mais il garda l'anonyme, comme il convenait à un académicien dans un concours académique.

L'Académie était arrivée à l'apogée de sa popularité, qui commença peu après à décroître. Le parti dominant, ne rencontrant plus d'obstacles, se laissait aller à des choix qui n'avaient pas toujours l'approbation des lettrés et du public. Plusieurs des séances académiques, dans les années voisines de la Révolution, furent très orageuses, particulièrement celles où furent reçus l'abbé Maury et Target, en 1785. Target était le premier avocat que la compagnie eut élu depuis Patru et Barbier d'Aucour au dix-septième siècle. L'ordre des avocats avait même arrêté, « qu'il ne convenait pas à la sévérité de leur ministère d'aspirer à une distinction qu'on ne pouvait plus obtenir sans l'avoir sollicitée. » Ce ne fut pas Target, d'ailleurs, qui fut l'occasion de ce tumulte, mais l'abbé de Boismont, qui, dans une lecture faite par lui à cette séance, voulut venger son confrère Gaillard d'un petit scandale dont il avait été l'objet. « Tout le cours de la lecture fut interrompu à chaque instant, raconte Grimm, par des éclats de rire ou par d'autres marques de désapprobation. » La compagnie décida alors de donner « moins de billets, mais avec plus de choix et de précautions ».

Ces sentiments hostiles se firent jour, d'une façon plus pénible et plus dangereuse pour elle, au milieu des événements de l'année 1789 et des deux années suivantes. Cette compagnie, qui avait naguère devancé l'esprit public, paraissait maintenant rester en arrière. On l'accusait d'être inféodée à la cour, et, le 12 mars 1789, dans l'avant-dernière séance de réception qu'elle devait tenir, l'éloge de Louis XVI par le président Nicolaï, le récipiendaire, fut assez mal accueilli de l'auditoire. L'envie des candidats évincés se tournait contre elle. Rivarol lançait contre ses confrères un pamphlet, resté célèbre. Palissot, bientôt, la dénoncera à l'Assemblée nationale, comme un « corps aristocratique ». La discorde ne tarda pas à se mettre parmi ses membres eux-mêmes. Chamfort, **La Harpe, Lemierre, Condorcet, Bailly, Target, Sedaine, Ducis, Chabanon** s'étaient prononcés avec beaucoup d'ardeur pour la Révolution, à l'égard de laquelle d'autres académiciens étaient plus froids.

Il semble qu'elle-même sentit sa fin prochaine. Elle cessait ses travaux, ne faisait même plus d'élections. L'abbé de Radonvilliers, le duc de Duras, Guibert, Rulhière, Seguier et Chabanon, qu'elle perdit de 1789 à 1792, ne furent pas remplacés. A la séance annuelle du 25 août 1790, elle ne put décerner qu'un des quatre prix, faute de concurrents. Après la fameuse nuit du 4 août, Barthélemy avait dit, en parlant du duc de Nivernais : « Il n'est plus

Fig. 26. — Couronnement du buste de Voltaire au Théâtre-Français, le 30 mars 1778, d'après le dessin de Moreau jeune, gravé par Gaucher.

duc à la cour, mais il l'est encore au Parnasse. » L'Académie, évidemment, n'était plus dans le courant révolutionnaire. Elle allait partager le sort des Parlements et des autres compagnies souveraines.

Le 16 août 1790, à propos du crédit de 25,000 livres inscrit pour elle au budget, le député Boutidou demanda l'ajournement « jusqu'à ce que l'utilité de l'Académie fût constatée ». Peu après, Chamfort publia un discours, que Mirabeau avait dû prononcer, et qui était comme le résumé de toutes les attaques dirigées contre elle.

Cet écrit, auquel répondirent Suard et Morellet, a eu trop d'importance à cette époque pour ne pas en faire connaître quelques passages.

Examinant d'abord les travaux que, dans les statuts mêmes, l'Académie s'était proposés, Chamfort s'exprimait ainsi sur le Dictionnaire, son œuvre préférée, ou plutôt son œuvre presque exclusive, dont la cinquième édition avait paru en 1762 : « Le premier et le plus important de ses travaux est son Dictionnaire. On sait combien il est médiocre, incomplet, insuffisant; combien il indigne tous les gens de goût, combien il révoltait surtout Voltaire, qui, dans le court espace qu'il passa dans la capitale, avant sa mort, ne put venir à l'Académie sans proposer un nouveau plan, préliminaire indispensable, et sans lequel il est impossible de rien faire de bon... Il voulait apporter le premier sa tâche à l'Académie, et obtenir de l'émulation particulière ce que lui eût refusé l'indifférence générale. Il mourut, et avec lui tomba l'effervescence momeutanée qu'il avait communiquée à l'Académie. Il résulta seulement de ses critiques sévères et âpres, que les dernières lettres du Dictionnaire furent travaillées avec plus de soin ; qu'en revenant ensuite avec plus d'attention sur les premières, les académiciens, étonnés des fautes, des omissions, des négligences de leurs devanciers, sentirent que le Dictionnaire ne pouvait, en cet état, être livré au public sans exposer l'Académie aux plus grands reproches, et surtout au ridicule, châtiment qu'elle redoute toujours malgré l'habitude. Voilà ce qui reculera, de plusieurs années encore, la nouvelle édition d'un ouvrage qui paraissait à peu près tous les vingt ans, et qui se trouve en retard précisément à l'époque actuelle, comme pour attester victorieusement l'inutilité de cette compagnie. »

Chamfort n'était pas plus tendre pour les travaux que l'Académie n'a point faits que pour ceux qu'elle avait poursuivis et accomplis. « Les statuts de ce corps, disait-il, lui permettaient (c'était presque lui commander) de donner au public une grammaire et une rhétorique... Eh bien! où sont cette grammaire et cette rhétorique? Elles n'ont jamais paru. Cependant, auprès de la capitale, aux portes de l'Académie, un petit nombre de solitaires, messieurs de Port-Royal, indépendamment de la traduction de plusieurs auteurs anciens,... publièrent une Grammaire universelle raisonnée, la meilleure qui ait existé pendant cent ans. »

Mais ce que Chamfort attaquait avec le plus de violence dans cet opuscule, c'est l'usage des discours de réception d'abord, et ensuite les concours académiques. A l'entendre, il semblerait que, sur les premiers, il n'y eut qu'une opinion. « Je ne vous présenterai pas, dit-il, ce tableau

Fig. 40. — Portrait de la Harpe.

d'un ridicule usé. Sur ce point, les amis, les ennemis de ce corps parlent absolument le même langage. Un homme loué, en sa présence, par un autre homme qu'il vient de louer lui-même, en présence du public qui s'amuse de tous les deux, un éloge trivial de l'Académie et de ses protecteurs, voilà le malheureux canevas où, dans ces derniers temps, quelques hommes célèbres, quelques littérateurs distingués ont semé des fleurs, écloses non de leur sujet, mais de leur talent. D'autres, usant de la ressource de Simonide, et se jetant à côté, y ont joint quelques dissertations de philosophie ou de littérature, qui seraient ailleurs mieux placées. »

Quant aux prix académiques, il tranchait ainsi de haut la question : « Cette fonction, dit-il, paraît plus intéressante que celle des compliments et, au fond, elle ne l'est guère davantage... On ne prétendra pas sans doute qu'une salle du Louvre soit la seule enceinte où l'on puisse réciter des vers bons, médiocres ou mauvais. On ne prétendra pas que, pour cette fonction seule, il faille, contre vos principes, soutenir un établissement public, quelque peu coûteux qu'il puisse être... Nous avons d'avance répondu à ceux qui croient ou feignent de croire que le maintien de ces prix importe à l'encouragement de la poésie et de l'éloquence. Mais qui ne sait ce qu'on doit penser de l'éloquence académique?... C'est ici, c'est parmi vous, que se formeront les vrais orateurs... Leur ambition ne se bornera plus à quelques malheureux prix académiques, qui à peine depuis cent ans ont fait naître quelques ouvrages au-dessous du médiocre... Indépendamment de ces prix que vous laisserez subsister, la poésie ne deviendra pas muette ; et la France peut encore entendre de beaux vers, même après Messieurs de l'Académie française. »

Il n'est pas jusqu'aux prix de vertu qui ne fussent l'objet des attaques de Chamfort ; mais par quel sophisme ! « Je vois, dit-il, ce prix destiné aux vertus des citoyens *dans la classe indigente*. Quoi donc ? qu'est-ce à dire ? La classe opulente a-t-elle relégué la vertu dans la classe des pauvres ? Non, sans doute ; elle prétend bien, comme l'autre, pouvoir faire éclater des vertus. Elle ne veut donc pas du prix ? Non certes. Ce prix est de l'or ; le riche en l'acceptant se croirait avili. J'entends : il n'y en a point assez ; il ne le prendrait pas. Le riche l'ose dire ! Et pourquoi ne le prendrait-il pas ? Le pauvre le prend bien ! Payez-vous la vertu ? ou bien l'honorez-vous ? Vous ne la payez pas, ce n'est ni votre prétention, ni votre espérance. Vous l'honorez donc ! Eh bien ! commencez par ne pas l'avilir en mettant la richesse au-dessus de la vertu indigente... Retirez-donc votre or, qui ne peut récompenser une belle action du riche. Rendez à la vertu cet hommage de croire que le pauvre aussi peut être payé par elle. »

Le tableau que Chamfort fait ensuite des mœurs académiques n'est pas présenté avec de moins violentes couleurs : « C'est là, selon lui, qu'on peut contempler tous les effets vicieux d'une vicieuse institution : la lutte des petits intérêts, le combat des passions haineuses, le manège des rivalités mesquines, le jeu de toutes ces vanités disparates et désassorties entre lettrés, titrés, mitrés ; enfin toutes les évolutions de ces amours-propres hétérogènes, s'observant, se caressant, se heurtant tour à tour, mais constamment réunis dans l'adoration d'un maître invisible et toujours présent. »

A entendre cet académicien ennemi de l'Académie, la dignité même de la compagnie commandait sa suppression. « Épargnez, disait-il en terminant, à l'Académie une mort naturelle. Donnez à ses partisans, s'il en reste, la consolation de croire que, sans vous, elle était immortelle. Qu'elle ait du moins l'honneur de succomber dans une époque mémorable, et d'être ensevelie avec de plus puissantes corporations. Pour cette fois, vous avez peu de clameurs à craindre ; car c'est une chose remarquable que l'Académie, quoique si peu onéreuse au public, n'ait jamais joui de la faveur populaire. Quant au chagrin que vous causerez à ses membres par leur séparation, croyez qu'il se contiendra dans les bornes d'une hypocrite et facile décence. »

Le 20 août 1790, la question ayant été débattue une seconde fois, Lanjuinais, le même qui en 1808 devait entrer à l'Institut, parla pour la suppression, sous prétexte que « les Académies privilégiées sont toujours des foyers d'aristocraties littéraires ». La compagnie fut au contraire défendue par l'abbé Grégoire, qui demanda seulement qu'elle se donnât des « statuts dignes du régime de la liberté ». L'Assemblée, se rangeant à cet avis, ordonna que ces statuts nouveaux lui fussent remis sous un mois. Mais déjà la compagnie n'était plus en état de procéder à ce travail; ses membres étaient trop divisés. Ses rangs d'ailleurs s'éclaircissaient de plus en plus. A la fin de 1791, Maury, Boisgelin, Boufflers, un peu après Montesquiou, quittèrent

Fig. 43. — Denis, d'après le portrait de Gérard (1814).

la France. Le marquis d'Aguesseau se cachait à Fresne, Marmontel à Évreux, puis à Gaillon, Gaillard à Saint-Firmin, près de Chantilly.

Morellet, chargé des fonctions de secrétaire perpétuel en l'absence de Marmontel, montrait une fermeté et un courage admirables. Au mois de juillet 1793, après le décret qui supprimait tous les signes de la royauté, il fit cacher, dans une des tribunes, les soixante portraits que possédait la compagnie.

Le 15 août, eut lieu la dernière réunion : il n'y avait avec Morellet et Vicq d'Azyr, dernier directeur, que Ducis, Bréquigny et la Harpe. On décida d'interrompre les séances. Morellet emporta chez lui l'acte authentique de la fondation et les registres, c'est ainsi qu'ils furent sauvés. Le 8 août, sur le rapport de Grégoire, la Convention vota la suppression « de toutes les Académies et sociétés littéraires ».

Par une sorte d'ironie du sort, ou des législateurs, les deux commissaires, qui, à la fin du même mois, furent chargés de lever les scellés apposés sur les appartements de l'Académie, étaient un poète presque grotesque, Dorat-Cubières et un grammairien médiocre, Domergue. Le 24 juillet 1794, « les biens de l'Académie furent réunis aux propriétés de la République ».

Les derniers prix que l'Académie avait décernés (25 août 1790) l'avaient été à Pastoret pour son ouvrage *des Lois pénales*, et à Noël pour son *Éloge de Vauban*. Celui-ci s'était présenté, pour recevoir la médaille, en « uniforme de soldat citoyen, » et avait été couvert d'applaudissements.

CHAPITRE VII.

L'INSTITUT. — L'ACADÉMIE FRANÇAISE RÉTABLIE. — ÉPOQUE CONTEMPORAINE.

(1795-1816-1890.)

La Convention, dans ses jours les plus troublés, avait supprimé l'Académie française avec les autres académies ; revenue à des temps plus calmes, le 25 octobre 1795, peu avant de se séparer, elle créait l'Institut, sur les plans de Lakanal, de Daunou, de Chénier et de Villar. Ce premier Institut, appelé l'*Institut National,* qui devait durer jusqu'en 1803, était divisé en trois classes, composées, en tout, de 144 membres. Les lettres ne formèrent pas une classe distincte, mais se trouvèrent confondues dans les sections de *Poésie* et de *Grammaire*, qui appartenaient à la III⁰ classe, assez mal dénommée *Classe de Littérature,* puisqu'elle comprenait aussi les *Beaux-arts* et la *Déclamation;* et dans la II⁰ classe, celle des *Sciences Morales et Politiques*.

Sur les quarante-huit premiers membres que nomma

le Directoire (20 nov. 1795), et qui devaient à leur tour élire les quatre-vingt-seize autres, pas un seul n'appartenait à l'ancienne Académie française. Lors de l'élection des membres complémentaires, Ducis seul fut nommé, avec Delille, qui, retiré en Suisse, n'envoya jamais son acceptation. L'installation de l'Institut national eut lieu au Louvre, dans l'ancienne salle de l'Académie des sciences, le 6 décembre 1795 ; sa première réunion, le 22. Le 4 avril 1796, eut lieu sa première séance publique, à laquelle le Directoire assista en grande pompe, et où Andrieux, M.-J. Chénier, Ducis, Lebrun, Fontanes lurent des vers.

D'après son règlement, approuvé les 15 mars et 4 avril 1796, par les Conseils des Cinq-Cents et des Anciens, les secrétaires étaient élus tous les ans, les présidents tous les six mois.

Nous n'avons pas à faire l'histoire de ce premier Institut national, qui, dans l'une ou l'autre de ses classes, continuait si peu l'ancienne Académie française, qu'après le 18 brumaire, Suard et l'abbé Morellet, de concert avec Lucien Bonaparte, ministre de l'intérieur, poursuivirent, auprès du premier consul, le rétablissement de celle-ci.

Soit respect pour cet Institut, dont il faisait lui-même partie depuis 1797 (28 déc.), soit crainte de sembler revenir à l'ancien régime, Bonaparte n'accueillit pas ce projet. Mais, tout en maintenant l'Institut, il le modifia assez profondément pour en faire en quelque sorte un nouvel Institut. Celui-ci se divisa en quatre classes, dont la seconde prit le nom de classe de *Langue et Littérature française*, et fut composée de 40 membres. Malgré certaines ressemblances, telles que le secrétariat perpétuel rétabli, mais soumis pour la nomination des titulaires à l'autorisation du premier consul, ce n'était pas encore une restauration de l'Académie française. Tous les membres du nouvel Institut avaient été nommés directement par le gouvernement. Cependant, presque tous les anciens académiciens survivants en firent partie : Suard, Morellet, Target, Boufflers, Ducis, Delille, d'Aguesseau, Boisgelin, Thiard de Bissy, Roquelaure, Saint-Lambert, La Harpe ; auxquels on avait ajouté, parmi les membres du précédent Institut : Andrieux, Marie-Joseph Chénier, Lebrun, Legouvé, Fontanes, Arnault, Collin d'Harleville, Bernardin de Saint-Pierre, Volney, Garat, etc.

Fig. 42. — Costume de membre de l'Institut, dessin anonyme du commencement du XIXe siècle.

La classe de *Littérature française* du second Institut eut ses orages. Napoléon lui fit sentir plus d'une fois son mécontentement. L'accueil qu'il fit à Esménard, en 1810, quand il lui fut présenté après son élection, est resté célèbre : « Eh ! bien, Esménard, vous avez toujours votre place à la police, » lui dit-il brusquement. Chateaubriand, élu en 1811, ne put jamais prononcer son discours, où se trouvaient quelques allusions politiques sévères : « Depuis quand, dit Napoléon à M. de Ségur, l'Institut se permet-il de devenir une assemblée politique ? Qu'il fasse des vers, qu'il censure les fautes de langage, mais qu'il ne sorte pas du domaine des Muses, ou je saurai l'y faire rentrer. »

L'ancienne Académie française ne fut véritablement restaurée, ou plutôt rétablie qu'avec la seconde Restauration. Le 21 mars 1816 parut l'ordonnance qui réglementait « la nouvelle organisation de l'Institut ». Après avoir déclaré que l'Institut serait désormais composé de quatre Académies, selon l'ordre de leur fondation, ce qui rendait à « l'Académie Française, » son rang de primauté, cette ordonnance portait dans son article 10 :

« L'Académie française reprendra ses anciens statuts, sauf les modifications que nous pourrions juger nécessaires, et qui nous seront présentées. »

Dans une lettre qui précéda cette mesure, Suard avait appelé l'attention du ministre de l'intérieur, M. de Vaublanc, sur la composition de la future Académie : « La restauration de l'Académie, y disait-il, servira bien peu à

Fig. 43. — Première séance de l'Institut national le 15 germinal an IV (1796), d'après un dessin de Girodet.

ramener les esprits dans la voie des bons principes et des bons sentiments, si le bon parti n'y prend pas, dès le commencement, une prépondérance assurée. » Que le gouvernement ait plus ou moins écouté cet avis, toujours est-il que onze membres de la IIe classe de l'ancien Institut, ne figurèrent pas sur la liste des membres de la nouvelle Académie, contenue dans l'article 11 de l'ordonnance : c'étaient Maret duc de Bassano, Garat, Cambacérès, Maury, Merlin, Sieyès, Roederer, Lucien Bonaparte, Regnault de Saint-Jean d'Angely. Ils furent remplacés par de Bausset, évêque d'Alais, l'historien de Fénelon, de Bonald, le philosophe chrétien et monarchiste, Lally-Tolendal, l'ancien Constituant, le comte Ferrand, auteur de l'*Esprit de l'histoire* et ancien ministre de 1814, l'abbé de Montesquiou, le duc de Lévis, le duc de Richelieu, Lainé, qui avait eu une si grande part à la déchéance de Napoléon, Choiseul-Gouffier, Arnault et Étienne, dont l'élection avait été abandonnée à l'Académie, reçurent pour successeurs Laplace, le célèbre savant, et Auger, un journaliste (11 avril 1816). M. de Vaublanc, rédacteur de l'ordonnance, avait espéré qu'un des deux choix se porterait sur lui ; il se trompa.

Ces exclusions n'avaient pas, en général, été vues d'un bon œil par l'Académie. Lors de cette première élection, un de ses membres avait inscrit sur son bulletin les noms de Molière et de J.-J. Rousseau, disant que, « jusqu'à ce jour, on avait remplacé les morts par les vivants, mais, qu'il fallait aujourd'hui remplacer les vivants par les morts ». La compagnie s'efforça, dans la suite, de réparer cette atteinte à son caractère en élisant plusieurs des exclus de 1816 : Arnault, dont, en 1819, elle avait sollicité le rappel d'exil, et Étienne, en 1820. Les nouveaux académiciens, nommés par autorité, se sentaient eux-mêmes assez mal à l'aise. « Est-ce que je suis de l'Académie? » disait l'abbé de Montesquiou à un candidat, qui lui faisait ses visites. Le jour où Lainé fut choisi à l'unanimité pour Directeur : « Ah! cette fois, je suis de l'Académie, » s'écria-t-il.

La séance d'installation des quatre Académies avait eu lieu, le 24 avril, sous la présidence du directeur de l'Académie française. Par une heureuse coïncidence, qui ne fut pas tout à fait fortuite, ce Directeur était le duc de Richelieu, dont le nom rappelait à l'Académie restaurée son premier fondateur, et renouait ainsi la tradition académique.

Rétablie par le roi, nommée en partie par lui, la compagnie, jusqu'en 1826, fut franchement royaliste. Pendant cette période de dix ans, on la voit successivement nommer de Sèze, le défenseur de Louis XVI, à la place de Ducis, Laya (1817), l'auteur de cette comédie l'*Ami des Lois*, qui, en 1793, avait soulevé les colères républicaines; Cuvier, (1818), grand savant qui sera toujours très dévoué au pouvoir; Lemontey (1819), le marquis de Pastoret (1820), l'abbé Frayssinous, premier aumônier du roi, Dacier (1820), de Quelen, archevêque de Paris (1824), le duc Mathieu de Montmorency (1826), ami de Mme Récamier, dont le

Fig. 44. — Portrait de Marie-Joseph Chénier, peint par Horace Vernet (1828).

salon commence à influer sur les élections. Ils succédaient à Choiseul-Gouffier, Roquelaure, Morellet, Volney, Sicard, duc de Richelieu, de Bausset, et Bigot de Préameneu. En 1817, à la mort de Suard, qui est remplacé par Roger, un médiocre écrivain dramatique, les fonctions de secrétaire perpétuel sont données à un royaliste, Raynouard, l'auteur des *Templiers*.

Pendant ces dix ans, c'est le romantisme naissant qui est l'objet des luttes dont l'Académie est le théâtre. Lamartine, qui en 1820 a publié ses premières *Méditations poétiques*, se voit préférer successivement Soumet en 1824, Briffaut et Guiraud en 1826. Dès 1820, Laya, en recevant le marquis de Pastoret, dénonce les romantiques comme *des factieux de la république des lettres;* à la réception de Soumet en 1824, Auger qualifie leur doctrine de « poétique barbare ». En 1824, Charles Nodier est écarté dédaigneusement, et Chênedollé, un précurseur des romantiques, reçoit de Roger le conseil d'attendre, et ne se représente plus. Casimir Delavigne, bonapartiste libéral, et soupçonné de romantisme, échoue quatre fois, devant Dacier, Soumet, Frayssinous, de Quelen, ce qui lui faisait dire : « J'y renonce, on m'opposerait le pape. » Il fut cependant élu en 1825, à la place du comte Ferrand.

La série des académiciens universitaires avait brillamment commencé en 1821 par l'élection de Villemain, à la mort de Fontanes, et l'influence des *Débats* s'était manifestée en 1826 par celle de l'abbé de Féletz, un de ses rédacteurs.

Cette dernière élection du rédacteur d'un journal qui avait cessé d'être gouvernemental fut le début, dans l'Académie, d'une opposition qui s'affirme ensuite davantage, d'abord dans une adresse au roi en faveur de la presse, dont la liberté semblait menacée par le projet de M. de Peyronnet (janvier 1827) ; puis dans les élections du célèbre physicien Fourier, ancien préfet des Cent-Jours ; de Royer-Collard, devenu le chef de la minorité à la Chambre (19 avril), et par celles plus significatives encore de Lebrun, l'auteur de *Marie Stuart* et d'une ode sur la mort de Napoléon, et de M. de Barante, en 1828 ; l'année suivante, d'Arnault et d'Étienne, deux *exclus* de 1816, et du comte Philippe de Ségur, l'historien de la Grande Armée, au commencement de 1830.

Cette dernière année du protectorat de Charles X fut signalée par deux choix exclusivement littéraires, ceux de Pongerville, le traducteur estimé du poème de Lucrèce, et de M. de Lamartine, qui, après trois échecs, fut enfin reçu, le 1ᵉʳ avril 1830, en remplacement du comte Daru : Andrieux, au dire de Sainte-Beuve, se crut *encanaillé* de l'avoir pour confrère. Avec le chantre du *Lac* était entré à l'Académie le premier de ces romantiques que Baour-Lormian, Lemercier appelaient les Barbares, et qui représentaient alors le principe de la liberté littéraire. Charles X avait été plus favorable à cette liberté qu'à la liberté politique, et avait résisté à un acte de pression royale que réclamaient les classiques de la compagnie, comme les ultras en politique réclamaient les ordonnances.

Fig. 48. — Châteaubriand, d'après Girodet.

Pendant cette période, les concours académiques avaient eu un grand éclat, avec les *Éloges de Bossuet*, de MM. Patin et Saint-Marc Girardin (1827), le *Tableau de la littérature française au seizième siècle* (1828), qui valut une seconde couronne à ce dernier écrivain, un prix à Philarète Chasles, et devint l'occasion du livre plus remarquable encore de Sainte-Beuve.

La révolution de Juillet, née du besoin de liberté, et qui plaça le duc d'Orléans sur le trône, ne devait cependant, par une sorte de contradiction singulière, être favorable, dans l'Académie, ni aux candidats libéraux en politique, ni aux novateurs en littérature.

On pourrait donner à la période de dix-huit ans qui va suivre le nom de « période ministérielle. » Les fauteuils vont être surtout occupés par les ministres, les hauts fonctionnaires de la monarchie de Juillet ou par leurs amis. Sur les trente élections du règne de Louis-Philippe, cinq ou six seulement introduiront des romantiques dans la compagnie. Il est juste d'ajouter que jamais l'on ne vit tant de ministres écrivains, et que jamais les lettres n'aidèrent plus à la fortune politique de ceux qui les cultivent. Cousin, Thiers, Guizot étaient des écrivains avant de faire partie du gouvernement. Quant à la nouvelle école littéraire, elle rencontra plus d'hostilité que jamais.

L'élection de Viennet, ennemi déclaré des romantiques (1830), la première qui eut lieu sous le nouveau règne, fut caractéristique. Celle de Cousin, la même année, ne le fut pas moins. Le célèbre professeur de philosophie à la Sorbonne ouvrit la voie au long cortège des universitaires, hommes d'État et académiciens. L'Académie, qui les avait préférés à Benjamin Constant, l'auteur d'*Adolphe* et le grand théoricien du régime parlementaire, dut le regretter quand, peu après, elle apprit la mort du célèbre orateur (8 déc. 1830). Cet échec avait empoisonné les derniers moments du vieux député libéral. On l'entendit, raconte Sainte-Beuve, sur son lit de mort et dans le délire suprême de l'agonie, murmurer ces mots qui ressemblaient à un reproche et à une plainte : « Après douze ans d'une popularité justement acquise, justement méritée! »

Le Constitutionnel, qui avait pris une si grand part à la dernière révolution, avait aussi, par ses préférences littéraires pour l'école classique, une grande influence sur l'Académie. Elle se marqua par les élections successives de trois de ses amis : Jay, son fondateur, auteur d'une *Conversion d'un romantique*, où la nouvelle école était tournée en ridicule; l'avocat Dupin (1832), et Tissot, dévoué aux idées de la révolution, auteur des *Études sur Virgile*. Mais à ces choix un peu ternes, succèdent les élections, en 1833, de M. Thiers, que son *Histoire de la Révolution* a rendu célèbre et qui n'a encore que trente-six ans, et de Charles Nodier, le délicieux conteur, l'auteur de *Trilby*, dont le salon à l'Arsenal réunit tous les jeunes adeptes du romantisme; de Scribe (1834), qui vient de donner *Bertrand et Raton;* de Salvandy (1835), dont les titres

Fig. 46. — Casimir Delavigne.

politiques ne doivent pas faire oublier les titres littéraires qu'il lui a acquis son *Histoire de Sobieski*. Le niveau académique s'abaisse un peu avec Dupaty, élu en 1836, et auteur d'assez médiocres vaudevilles, ce qui faisait dire à Victor Hugo, son concurrent : « Je croyais qu'on allait à l'Académie par le pont des Arts; je me trompais, on y va par le Pont-Neuf. » — « Un nom plus connu que les œuvres, » avait dit aussi Royer-Collard, par allusion aux deux autres Dupaty, ses frères. Mais, la même année, il se relève heureusement avec les élections de Guizot et de Mignet, celui-ci célèbre par une *Histoire de la Révolution*, admirable de concision éloquente ; celui-là par son *Histoire de la civilisation*, si originale et si profonde ; tous deux déjà membres de l'Académie des Inscriptions. Si le comte Molé (1841) n'a écrit que des *Essais de morale et de politique* un peu oubliés, c'est un beau caractère et un orateur politique plein d'autorité.

Depuis Lamartine en 1829, la nouvelle école littéraire n'avait vu aucun de ses écrivains entrer à l'Académie, Nodier lui étant plus sympathique qu'il ne lui appartenait réellement. Elle en franchit enfin les portes, le 7 janvier 1841, avec Victor Hugo. Le grand poète, qui avait déjà produit les *Odes et Ballades, les Orientales, les Feuilles d'automne, Hernani, Marion Delorme, Ruy Blas*, succédait à Lemercier, un des plus ardents adversaires du romantisme. Avant d'être reçu, il s'était présenté trois fois : en 1836, où on lui avait préféré Dupaty d'abord, puis Mignet ; et en 1840, où Flourens, le secrétaire de l'Académie des sciences, l'avait emporté, mais après quatre tours de scrutin. Chacun des concurrents avait commencé par avoir l'égalité de voix, 14 contre 14. Victor Hugo fut reçu par M. de Salvandy.

Il est vrai que les classiques et les politiques prirent leur revanche avec les élections du comte de Sainte-Aulaire (1841), ambassadeur et historien de *la Fronde,* du baron Pasquier (1842), d'Ancelot, l'auteur de *Maria Padilla* (1841), du profond penseur et du grand historien Alexis de Tocqueville (1841), de Patin (1842), et de Saint-Marc Girardin (1844), deux illustres universitaires. Mais, cette année même, l'Académie accueillait encore quatre des écrivains les plus célèbres de la nouvelle école : Mérimée, l'auteur de *Colomba,* Sainte-Beuve, grand critique et poète original (1844); et après eux Vitet, l'auteur des *États de Blois,* et Alfred de Vigny (1845).

Le poète d'*Eloa* ne s'était pas présenté moins de quatre fois, et on lui avait préféré successivement le comte Molé en 1840, le philosophe Ballanche et Patin en 1842, Saint-Marc Girardin en 1844. Royer-Collard lui avait dit, lors de sa visite : « Vous n'avez pas de chance... Je ne lis rien de ce qui s'écrit depuis trente ans. » Sa réception, le 29 janvier 1846, par M. Molé, est restée célèbre par l'amertume des deux discours. Très fier, et d'un commerce souvent difficile, Vigny fut comme isolé dans la compagnie. Victor Hugo refusa, à cause de lui, d'être directeur. « Tant que l'Académie, disait-il, tiendra un de ses membres en pénitence, je tiendrai compagnie à ce membre. On ne veut nommer M. de Vigny ni directeur, ni chancelier, à cause de son démêlé avec M. Molé. »

Fig. 47. — Lamartine.

Le grand romancier Balzac avait posé sa candidature dès 1844, mais Mérimée et Sainte-Beuve l'emportèrent sur lui. Un instant découragé, il revient cependant à la charge en 1848, et en 1849 : il est écarté de nouveau par Vatout et le duc de Noailles. Lamartine et Victor Hugo avaient fait les plus généreux efforts, mais en vain, pour le faire élire. Il en fut de même d'Alexandre Dumas, qui, en 1841 et en 1842, avait cru pouvoir passer comme Victor Hugo, dont son *Henri III* balançait alors la gloire théâtrale. Ayant échoué, il ne voulut plus courir de nouveau l'aventure. Quant à Béranger, il ne consentit jamais à se prêter à aucune démarche, et l'Académie eut le tort de le prendre au mot. Les trois dernières élections du règne de Louis-Philippe furent celles du comte de Rémusat (1846), écrivain et homme politique, grand ami de M. Thiers; de l'auteur dramatique Empis, d'Ampère, poète, critique, historien et voyageur, mais surtout grand ami de M⁰ᵉ Récamier (1847); et de Vatout (1848), bibliothécaire et ami du roi, qui s'intéressait particulièrement à sa candidature. Ils avaient succédé à Royer-Collard, Jouy, Guiraud et Ballanche.

Sous la monarchie de Juillet, l'Académie avait élu beaucoup d'hommes politiques, sans faire cependant, à proprement parler, de politique. Il va en être tout autrement sous la République de 1848 et sous l'Empire. Qu'on approuve ou qu'on critique sa conduite, c'est là un fait incontestable. Pendant les vingt-deux années qui séparent la chute de Louis-Philippe de celle de Napoléon III (1848-1870), trente-cinq élections eurent lieu; cinq ou six seulement eurent un caractère exclusivement littéraire, en dehors de tout esprit de parti politique : celles d'Alfred de Musset, Ponsard, Augier, Sandeau, Octave Feuillet, Autran. Quant à celles de Nisard, Laprade, Auguste Barbier, qui auraient mérité d'être reçus pour le mérite de leurs seuls écrits, leurs opinions politiques ne laissèrent pas de leur venir beaucoup en aide.

Recrutée pendant dix-huit ans, en grande partie, parmi les hommes du régime parlementaire, l'Académie, au lendemain de la révolution de Février, se trouva par cela même

Fig. 48. — Victor Hugo.

très hostile au gouvernement républicain, à ses hommes comme à ses idées. Ses deux premières élections furent, en quelque sorte, des élections de protestation contre le régime nouveau et les idées démocratiques. Chateaubriand venait de mourir, le public songeait à Alexandre Dumas, à Balzac; on lui donna pour successeur le duc de Noailles, grand seigneur lettré, auteur d'une *Histoire de M*^{me} *de*

Maintenon, appuyé par les salons de Mmes Récamier et de la princesse de Lieven; et l'on remplaça Vatout par le comte de Saint-Priest, ancien ambassadeur à Saint-Pétersbourg, historien d'ailleurs remarquable de la *Conquête de Naples par Charles d'Anjou* (1848). Désiré Nisard, élu en 1850, à la place de l'abbé de Feletz, était un adversaire célèbre du romantisme, mais l'un des plus purs écrivains et des plus sûrs critiques littéraires de notre temps; il fut choisi surtout comme un gage de réconciliation entre les partisans de M. Guizot, dont il était l'ami, et les libéraux qui suivaient M. Thiers.

Les discussions religieuses qui avaient lieu à cette époque au Palais Bourbon, particulièrement à propos de la loi sur la liberté de l'enseignement, eurent leur contre-coup au Palais Mazarin. Un rapprochement se fit alors entre les anciens libéraux voltairiens et les défenseurs de la religion, entre les académiciens légitimistes et leurs confrères anciens serviteurs ou partisans de Louis-Philippe. C'est ce nouveau courant religieux-libéral qui porta à l'Académie trois des principaux auteurs de la loi de 1850 sur l'enseignement : le comte de Montalembert (1851), le célèbre tribun catholique; Berryer (1852), le grand orateur légitimiste; et Mgr Dupanloup, évêque d'Orléans (1854), qui succédèrent, d'une façon assez piquante, à Droz, à Saint-Priest, quelque peu voltairien, et à Tissot, très révolutionnaire.

Dans un intervalle de paix littéraire, le 12 février 1852, la compagnie avait élu le poète de la jeunesse, Alfred de

Musset, à la place du vaudevilliste Dupaty. Précédemment le poète des *Nuits*, quoiqu'il eût déjà produit tous ses chefs-d'œuvre, avait été deux fois écarté, par Vatout en 1849, par Nisard en 1850. Il était temps qu'on l'admît; il n'avait

Fig. 42. — Alfred de Musset.

plus que cinq ans à vivre. M. Guillaume Guizot, grand admirateur du poète, eut par son père, qu'il convertit à son admiration, une grande part à cette équitable et glorieuse élection.

Le coup d'État du 2 décembre (1851) avait laissé

l'Académie française assez indifférente, en général ; il n'en fut pas de même du rétablissement de l'Empire en 1852, surtout de la guerre d'Italie en 1859, et plus encore de la bataille de Castelfidardo en 1860.

À partir de cette époque, c'est l'animosité contre le nouveau souverain qui inspira presque tous les choix de la majorité. Tel fut le caractère des élections de Sylvestre de Sacy, le célèbre rédacteur des *Débats* (1854), de Legouvé, celui-ci aux tendances républicaines, celui-là orléaniste reconnu, mais destiné à se rallier, et surtout du duc de Broglie (1855), l'ancien ministre de Louis-Philippe, dont le salon, comme celui de son gendre le comte d'Haussonville, était très hostile au régime nouveau. Ils remplaçaient Jay, Ancelot et le comte de Sainte-Aulaire.

La nomination de Ponsard (1855), qui venait de donner *l'Honneur et l'Argent,* à la place de Baour-Lormian, fut comme un court armistice, mais l'attaque reprit bientôt avec l'élection de M. de Falloux (1856), successeur de Molé, moins en raison de l'homme, auquel Napoléon III n'était pas personnellement hostile, le candidat ayant été ministre sous la Présidence, que par les résistances invincibles qu'avait rencontrées la candidature du président Troplong, patronée par les Tuileries. M. de Falloux avait été soutenu par Guizot, Mignet, Cousin et par tout le parti catholique.

Dans l'Académie elle-même, un centre de résistance à cet envahissement de la politique commençait à se former avec Sainte-Beuve, Mérimée, Nisard, Lebrun. Le célèbre critique du *Constitutionnel* suggéra même alors au souverain l'idée d'une *Académie du suffrage universel*, dont les éléments auraient été pris dans la *Société des Gens de Lettres* et dans celles des *Auteurs dramatiques* (mars 1856).

Le choix de Biot, qui remplaça Lacretelle la même année, fut un de ces hommages rendus à la science, que la compagnie compte parmi ses traditions.

Une réaction momentanée en faveur des candidatures exclusivement littéraires fit entrer en 1857 et en 1858, Émile Augier, qui venait de donner *Philiberte, le Mariage d'Olympe*, et qu'appuyèrent Thiers, Mérimée, Sainte-Beuve; Victor de Laprade, contre lequel votèrent ces mêmes académiciens; et Jules Sandeau, l'aimable romancier. C'étaient les successeurs de Salvandy, de Musset et de Brifaut.

Mais l'opposition académique reprit plus vive que jamais avec l'élection du Père Lacordaire (1860), auquel on n'avait pas songé quand il prêchait ses belles Conférences de Notre-Dame (1843-1851), et que l'on nommait maintenant, parce que c'était une protestation contre la guerre franco-italienne de l'année précédente, et quoique le célèbre dominicain eût refusé de s'y associer personnellement. Quand le directeur de l'Académie, M. de Falloux, annonça cette élection à Napoléon III, celui-ci se contenta de dire : « Je sanctionne cette élection avec plaisir, bien que je ne vous cache pas qu'elle m'ait paru un peu étrange, et qu'elle ne m'ait pas semblé faite à l'intention de me plaire. » C'était la première fois, en effet, que l'Académie recevait un moine dans ses rangs. Napoléon III prenait au sérieux, ironiquement sans doute, l'article Ier des statuts de l'Académie, portant : « Personne ne sera reçu à l'Académie qui ne soit agréable au Protecteur. » Cette séance où le grand dominicain fut reçu par M. Guizot, un protestant, fut l'une des plus mémorables, autant par le contraste que par l'éloquence des deux orateurs. Le début du discours de M. Guizot n'a pas été oublié. Il y eut un frémissement dans l'auditoire quand, se levant en face du moine à la robe blanche, l'ancien ministre dit : « Que serait-il arrivé, si nous nous étions rencontrés, vous et moi, il y a six cents ans, et si nous avions été, l'un et l'autre, appelés à influer sur nos mutuelles destinées? Si mes pareils vous avaient rencontré, ils vous auraient accueilli avec colère comme un odieux persécuteur, et les vôtres, ardents à enflammer les vainqueurs contre les hérétiques, se seraient écriés : Frappez, frappez toujours, Dieu saura bien reconnaître les siens. »

C'est sous la même préoccupation, à la fois religieuse et politique, que se firent les élections du prince Albert de Broglie (1862), du comte de Carné et de l'avocat Dufaure (1863), du Père Gratry (1867), à la place de Lacordaire, mort l'année même de sa réception, de Biot, du duc Pasquier, et de M. de Barante. Celles de Prévost-Paradol (1865), le jeune rédacteur des *Débats,* de Cuvillier-Fleury (1866), secrétaire des commandements du duc d'Aumale, eurent particulièrement le caractère orléaniste. Ils succédaient à Ampère et à Dupin.

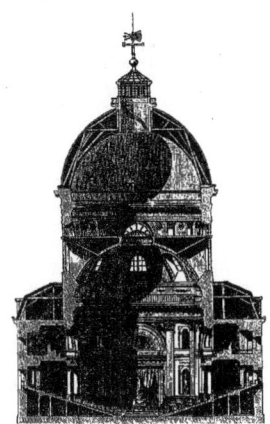

Fig. 50. — Salle actuelle des séances publiques de l'Académie française. (Coupe.)

A de rares intervalles, le succès des candidatures d'Octave Feuillet (1862), de Camille Doucet (1865), d'Autran (1868), avaient introduit dans la compagnie quelques académiciens exclusivement hommes de lettres. C'était, en partie, la conséquence d'une division que la première candidature de Littré, en 1863, avait mise dans le groupe catholique libéral, jusque-là prépondérant dans tous les scrutins. Soutenu par M. Thiers, qui affirmait que M. Littré était nécessaire au Dictionnaire, le chef de l'école positiviste fut ardemment combattu par Mgr Dupanloup. La veille de l'élection, ce prélat publia son fameux *Avertissement à la jeunesse et aux pères de famille.* Le concurrent de Littré, M. de Carné, l'emporta; l'année suivante, l'évêque d'Orléans fut encore assez influent pour empêcher qu'un prix fût accordé à l'*Histoire de la littérature anglaise*, de M. Taine. Mais l'irritation n'en devint que plus grande parmi les académiciens de la minorité. C'est ce sentiment qui, dès 1862, dicta à Sainte-Beuve des articles qui firent beaucoup de bruit, et auxquels Laprade répondit par sa violente satire *les Muses d'État.*

L'élection de M. de Champagny, en 1869, avait eu un caractère surtout catholique; celle de Claude Bernard (1869) fut exclusivement scientifique (il succédait à Flourens); mais les choix de Jules Favre (1867), pour remplacer Cousin, du comte d'Haussonville et du poète Auguste Barbier, successeurs de Viennet et d'Empis, eurent un caractère d'hostilité particulière contre le souverain. M. d'Haussonville, dont le beau-père et le beau-frère siégeaient déjà à l'Académie, passait pour l'ennemi le plus acerbe de l'Empire, et l'auteur des *Iambes* était dès 1830 hostile à tous les Bonapartes. Napoléon III fit savoir au directeur qu'il dispensait les deux académiciens de la cérémonie de la présentation. Tout allait changer avec le ministère du 19 janvier. Le seul espoir de voir renaître le régime parlementaire transforma si bien les sentiments de la majorité académique, que le 7 avril 1870, elle élut, par acclamation, le chef du nouveau cabinet, M. Émile Ollivier (26 voix sur 28 votants). M. Thiers avait été un des principaux instigateurs de cette élection.

Parmi les candidats malheureux de ces dernières années, il faut compter Jules Janin, écarté deux fois par Dufaure et Prévost-Paradol, et Théophile Gautier, celui que ses admirateurs ont appelé « le poète impeccable ».

Pendant cette longue période de la monarchie de Juillet et du second Empire, les fonctions de secrétaire perpétuel avaient été exercées avec un grand éclat par Villemain, qui, en 1834, avait remplacé Arnault. Entre celui-ci et Raynouard, les secrétaires perpétuels avaient été Auger (1826) et Andrieux (1829). Les rapports de M. Villemain sur les concours académiques sont devenus les modèles d'un genre dont il a été vraiment le créateur.

M. Émile Ollivier avait été élu à la place de Lamartine. Le grand poète, cependant, n'eut pas son éloge à l'Académie. Des circonstances fâcheuses empêchèrent, au mois de mars 1874, la réception publique de son successeur. La compagnie ne permit pas à M. Émile Ollivier de prononcer son discours, comme, en 1811, Napoléon Iᵉʳ avait fait à l'égard de Chateaubriand. Ce sont les deux seuls exemples, très différents d'ailleurs, de cet exercice du droit de *veto* sur les discours académiques.

Le nouveau régime politique qui s'ouvrit à la fin de l'année 1870 fut, du reste, favorable à l'impartialité des élections académiques. Moins préoccupée de faire échec au pouvoir, comme sous le second Empire, moins empressée d'accueillir les hauts fonctionnaires comme sous la monarchie de Juillet, l'Académie prit en plus grande considération les titres littéraires des candidats. Les vingt années qui se sont écoulées depuis la révolution de Septembre sont la période où l'Académie a reçu le plus de gens de lettres, le plus d'écrivains proprement dits.

Des trois dernières élections qui eurent lieu sous le régime précédent, l'une réparait l'injustice faite à Jules Janin, qui succéda à Sainte-Beuve; l'autre donnait, en la personne de M. Marmier, un digne représentant à ce genre littéraire des voyages trop longtemps négligé par la compagnie. Duvergier de Hauranne, l'un des orateurs des fameux banquets de 1848 qui amenèrent la chute de Louis-Philippe, succédait, par un piquant contraste (1870), au duc de Broglie, hostile à ces banquets. En 1871, le duc d'Aumale, que son *Histoire des princes de Condé* a révélé écrivain, remplace M. de Montalembert qui, en 1847, était l'un des chefs de l'opposition à la Chambre des pairs. L'élection de M. Littré, nommé la même année à la place de M. Villemain, fut l'occasion

Fig. 51. — Vue du château de Chantilly, propriété de l'Académie française et des quatre autres classes de l'Institut.

d'un incident qui jusque-là n'avait pas eu d'analogue à l'Académie. Mgr Dupanloup donna sa démission, ne voulant pas siéger à côté du chef du positivisme. La compagnie la refusa d'ailleurs, et ne lui donna de successeur qu'à sa mort en 1878. Mais c'était bien plus le linguiste que le philosophe qu'on reçut en M. Littré; et deux écrivains célèbres, qui jusque-là avaient comme lui été écartés pour leurs opinions philosophiques, MM. Renan et Taine, ne furent élus qu'en 1878.

MM. Camille Rousset, de Loménie (1871), de Viel-Castel (1873), Henri Martin (1878), Maxime du Camp (1880), Jurien de la Gravière (1888), qui remplacèrent Prévost-Paradol, Mérimée, de Ségur, Thiers, étaient des historiens auxquels la vie de *Louvois*, les *Contemporains par un homme de rien*, l'*Histoire de la Restauration*, l'*Histoire de France, Paris et ses organes*, les *Campagnes d'Alexandre*, avaient acquis une légitime réputation. L'Université eut des représentants plus ou moins illustres dans MM. Saint-René Taillandier (1873), le critique des écrivains d'outre-Rhin; Mézières, l'historien de Gœthe, de Shakspeare et ses contemporains; Caro (1874), le philosophe spiritualiste; Boissier (1876), l'historien de la société romaine; Gréard (1886), celui de l'instruction publique en France. C'est à la presse qu'appartiennent MM. John Lemoinne (1875), Mazade (1882), Hervé (1886), qui, dans son discours, se fit honneur de représenter à l'Académie le journal à un sou. En 1876, la critique d'art entre à l'Académie avec Charles Blanc; la

science s'y perpétue, suivant la tradition académique,
avec MM. J.-B. Dumas (1875), qui succède à M. Guizot,
Pasteur (1881), Bertrand (1884); le clergé, avec Mᵍʳ Perraud (1882), un ancien normalien; le Palais, avec
M. Rousse (1880).

Les sièges les plus nombreux sont donnés aux lettres.
Le théâtre y voit entrer : Alexandre Dumas fils (1874),
Sardou (1877), Labiche (1880), Pailleron (1882), Halévy (1884), Meilhac (1888); le roman : Victor Cherbuliez (1881), About (1884), Jules Claretie (1888);
la poésie : Sully-Prudhomme (1881), qui rompt l'ostracisme dont, pendant douze ans, depuis l'élection d'Auguste
Barbier, les poètes semblaient frappés; puis, F. Coppée
(1884), et Leconte de Lisle (1886), élu à la place de
Victor Hugo; la philosophie et l'éloquence parlementaire,
M. Jules Simon (1875). Pendant cette période, l'influence
exclusive de la politique ou des salons ne s'est guère
marquée que dans les élections de M. Duvergier de Hauranne (1870), du duc d'Audiffret-Pasquier (1878), de
MM. de Lesseps (1884), Léon Say (1886), comte
d'Haussonville, et de Vogüé (1888).

En 1878, l'Académie donna une nouvelle édition, la
septième, de son Dictionnaire, dans laquelle l'orthographe
de beaucoup de mots était simplifiée ou régularisée, et les
définitions améliorées. La préface était l'œuvre de M. Patin, qui avait remplacé en 1871 M. Villemain, comme
secrétaire perpétuel. Il eut pour successeur dans ces fonctions M. Camille Doucet en 1876.

L'Académie dispose aujourd'hui d'un grand nombre de prix, résultat des fondations Montyon (1819), Gobert (1833), Bordin (1835), Maillé de la Tour-Landry (1839), Lambert (1849), Trémont (1847), Leidersdorf (1852), Halphen (1855), Toirac (1857), Thiers (1862), Souriau (1863), Langlois (1864), Marie Lasne-Péron (1866), Thérouanne (1866), Guizot (1872), Marcelin Guérin (1872), de Jouy (1872), Archon-Despérousses (1873), Vitet (1873), Botta (1875), de Sussy (1876), Gemond (1876), Laussat (1876), Monbinne (1877), Jules Janin (1877), Lelevain (1878), Maujean (1879), Vincent (1884), Camille Favre (1884), Letellier (1885), Jules Favre (1886), Le Fèvre-Deumier (1886), Buisson (1889), Émile Robin (1889).

Mais de toutes ces libéralités la plus magnifique est celle qui a été faite à l'Académie française, comme aux autres Académies composant l'Institut de France, par le duc d'Aumale. Par acte en date des 21 et 27 octobre 1886, il a fait donation, sous réserve d'usufruit, à l'Institut de France, dont il est membre à un double titre, du domaine de Chantilly, ainsi que du musée et de la bibliothèque qu'il renferme. Cette donation a été faite à la charge « de les mettre à la disposition du public, et d'employer les revenus nets à donner des pensions aux hommes de lettres, aux savants, aux artistes indigents, et à encourager par des prix les jeunes gens qui se vouent à la carrière des lettres, des sciences et des arts ». L'illustre académicien a été, en 1889, l'objet d'une démarche de la part de l'Institut, à la suite de laquelle a cessé l'exil dont il était frappé. L'Académie avait autrefois agi de même à l'égard d'Arnault.

Parvenus à la fin de cette histoire rapide, si nous essayons de porter sur l'Académie un jugement d'ensemble, nous dirons : Comme toutes les institutions humaines, l'Académie française a eu ses moments de faiblesse ; mais elle a résisté victorieusement au temps et à des révolutions qui ont emporté tant d'autres choses. Son influence, en somme, a été salutaire aux lettres françaises, en maintenant toujours très élevé le niveau littéraire, en tempérant la fougue des novateurs les plus hardis ; elle a été utile aussi aux hommes de lettres en leur donnant le sentiment de leur dignité et de leur importance.

CHAPITRE VIII.

Les logis de l'Académie. — Ses séances de réception. — Les discours. — Épigrammes et attaques contre elle. — Les visites. — Les refus. — Les académiciens héréditaires. — Le Dictionnaire.

Après avoir retracé les origines et l'histoire même de l'Académie française, il nous reste à entrer dans quelques détails assez peu connus de sa vie intérieure et de ses usages. C'est, en quelque sorte, le côté pittoresque de son histoire.

Et d'abord, où tint-elle ses assemblées? Quels furent ses logis, comme on disait autrefois? Ses débuts, à cet égard, furent très modestes. Elle naquit, on le sait, chez Conrart, rue Saint-Martin, près du cloître Saint-Merry. C'est dans cette demeure d'un bourgeois aisé qu'elle s'assembla, pendant les cinq premières années de son existence non encore officielle. Lorsque Conrart se maria, et s'absenta à cette occasion de Paris, elle se transféra chez Desmarets, dans l'hôtel que celui-ci avait fait construire d'après ses plans — il était un peu architecte — rue du Roi-de-Sicile, au coin de la rue Tison, sur l'emplacement de l'ancien hôtel du cardinal Peilevé, l'homme de la Ligue. Elle s'y réunit du 13 mars au 30 octobre 1634. Pendant dix ans, jusqu'en 1645, et même après qu'elle eut été fondée comme corps de l'État par l'enregistrement des ses lettres patentes en 1637, elle fut, en quelque sorte, itinérante, s'assemblant d'abord chez Chapelain, rue des Cinq-Diamants, revenant chez Conrart, puis se transférant tour à tour chez Montmor, rue Sainte-Avoie ; chez Gomberville, près Saint-Gervais, chez Cerisy ; à l'hôtel Seguier, rue du Bouloi ; chez Bois-Robert, à l'hôtel de Mélusine. En 1645, le chancelier Seguier, qui, en 1642, avait succédé à Richelieu comme protecteur de l'Académie, lui donna pour logis sa propre demeure. C'est là, dans le magnifique hôtel de la rue du Bouloi, qu'elle s'assembla jusqu'à la mort de son hôte illustre en 1672. Nous avons dit comment Louis XIV, inspiré par Colbert, lui donna le Louvre même pour logis ; c'était la demeure des rois.

Il lui accorda, au rez-de-chaussée, près du pavillon des Cariatides, dans l'aile construite par Le Mercier, les salles qui, après la Fronde, avaient été celles du Conseil, et qui sont aujourd'hui, dans le musée de la sculpture moderne, les salles de Puget et de Coustou. La première, qui était la plus vaste, quoiqu'elle eût une fenêtre de moins qu'à présent, servit pour les séances publiques. Assez simple d'abord, elle fut, plus tard, richement décorée d'un ordre corinthien, garnie de tribunes. Elle était ornée d'une sainte Vierge, des portraits du roi, de la reine Christine, du cardinal de Richelieu, du chancelier Seguier. Ce fut le 28 août 1672, que l'Académie s'installa au Louvre. La première séance publique qui y fut tenue fut celle du 12 janvier 1673, où furent reçus Fléchier, Racine et l'abbé Gallois.

Fig. 33. — Vue et perspective du collège des Quatre-Nations, aujourd'hui palais de l'Institut, d'après une estampe du XVII° siècle.

La salle qui était à la suite de celle des séances servait au travail du Dictionnaire et à l'examen des pièces envoyées aux concours d'éloquence et de poésie.

C'est là qu'elle s'assembla jusqu'en 1793, c'est-à-dire jusqu'à sa suppression. Elle s'y réunit même encore, quand elle eut été rétablie comme seconde classe du nouvel Institut. Plus tard seulement, sous l'Empire, en 1806, elle fut installée à l'ancien collège des Quatre-Nations. La séance d'inauguration eut lieu le 4 octobre 1806; c'est là qu'elle est encore.

Nous avons vu que les jours de ses séances ordinaires avaient plusieurs fois varié, en particulier sous le protectorat du chancelier Seguier. Voici un modèle des lettres de convocation qui étaient adressées à chacun de ses membres :

Monsieur,

Vous estes adverty, de la part de M. le Directeur de l'Académie françoise, de vous trouver Samedy prochain, deuxième jour de décembre mil sept cent treize, à l'assemblée qui se tiendra au Louvre, à trois heures précises après midy, pour le second scrutin de l'Élection d'un Académicien, à la place de feu M. l'abbé Regnier des Marais.

La liste des Académiciens, sous forme de placard in-folio, était affichée dans la salle du Louvre.

L'assiduité aux séances gagna beaucoup, comme nous l'avons vu, à l'établissement des jetons. Auparavant, elle n'était pas très grande. En septembre 1634, Chapelain écrivait : « La salle de M. Desmarets est, depuis six semaines, trois fois plus grande que d'ordinaire, et quand tout le monde est assemblé, elle paroit comme s'il n'y avoit personne. En effet, c'est qu'il n'y a presque personne, et que, la pénultième fois, la compagnie ne fut composée que d'un seul. Le bon M. Faret est un des négligens, ou plus tost un de ceux que les affaires en détournent davantage. Hier, il me vit et, demain, je le verray, non sans lui reprocher cet oubli. »

Les séances de réception à l'ancienne Académie française étaient fort différentes de ce qu'elles sont aujourd'hui. L'on n'y voyait pas cet appareil un peu théâtral qui existe maintenant; tout se passait plus simplement. C'était plutôt l'aspect d'une assemblée, comme on disait alors, d'un salon comme on a dit plus tard, que celui d'une réunion solennelle de personnages officiels, telle qu'apparaîtra l'Académie après son rétablissement. Le discours de réception lui-même n'exista pas toujours; c'était d'abord un simple remerciement. Le premier académicien qui prononça un discours à son entrée dans la compagnie fut Patru, le 3 septembre 1640. Il était avocat, et comme tel, cette innovation lui appartenait de droit. Son remerciement avait paru si beau et si flatteur, qu'on en voulut encore. Après lui, ce discours devint obligatoire. Quelques académiciens seulement en furent dispensés par décision expresse. Le discours de Patru n'avait pas plus de deux pages : mais il contenait les même phrases de modestie affectée que l'on a entendues depuis dans la bouche de tous les récipiendaires. « Si je prétendois, disait Patru, vous rendre ici des remerciemens dignes de la grâce que vous me faites, je ne connoîtrois ni mes forces, ni le prix d'une si haute faveur, et qui passe de bien loin mes plus hautes espérances. A peine se pourroit-on acquitter d'un devoir si juste, avec toutes vos lumières, avec tous ces dons si précieux, dont le ciel vous à tous si heureusement partagés... C'est bien assez à notre siècle de s'être vu une fois quarante personnes d'une suffisance, d'une vertu si éminente. Un si grand effort n'a pu se faire sans épuiser la nature. Vos successeurs ne seront plus désormais que l'ombre de ce que vous êtes, et des enfans qui n'auront que le seul nom de leurs pères. » Tous les flatteurs ne sont pas prophètes, ce fut le cas de Patru. Les académiciens de 1640 eurent des successeurs qui les valurent, pour ne rien dire de plus.

Tant que l'Académie s'assembla chez l'un de ses membres, ou même à l'hôtel du chancelier Seguier, son second protecteur, il était difficile que ses séances fussent publiques. Mais lorsque, en 1672, elle fut transférée, « logée » au Louvre, l'admission d'un auditoire plus nombreux, du public, fut comme la conséquence naturelle de cet événement. La réception de Perrault, le 23 novembre 1671, fut l'origine de cette innovation. Comme on le louait beaucoup de son remerciement à l'Académie, il répondit « que si son discours avoit fait plaisir à Messieurs de l'Académie, il l'auroit fait à toute la terre, si elle avoit pu l'entendre. Il ajouta qu'il ne seroit pas mal que l'Académie ouvrît ses portes les jours de réception, et qu'elle se fît voir dans toute sa parure. » L'idée venait peut-être de Colbert. On le crut du moins, et la compagnie s'empressa de modifier son usage et d'établir la publicité des séances de réception. A celle de Chamillart, évêque de

Fig. 53. — L'Académie française au Louvre, Frontispice des *Académiciens*, comédie de Saint-Évremond, gravé par Fessard (1746).

Senlis, en 1702, les femmes obtinrent pour elles une tribune : les filles du ministre Chamillart, alors tout puissant, avaient voulu entendre le discours de leur oncle, surtout pour en sourire ; elles ne laissèrent pas d'être pour quelque chose dans cette nouveauté.

Si l'on veut avoir un tableau fidèle de ce qu'était vers 1690 une réception à l'Académie, on le trouvera dans cette note manuscrite du P. Léonard sur les Académies.

« Le jour qu'un académicien est reçu, la porte du lieu de l'Académie, qui est au Louvre, est ouverte à tous les honnêtes gens (lisez : la société polie). Au milieu, il y a un grand bureau, sur lequel, ce jour-là, on met un beau tapis. Il y a des chaises d'un côté et d'autre, pour les Académiciens seulement. Ceux de dehors sont au second et troisième rangs. Celui qui doit être reçu est entré d'abord dans un petit cabinet, et, quand trois heures après midi sonnent, le libraire de l'Académie avertit le candidat et l'amène dans le lieu de l'assemblée et lui montre sa place, qui est à un des bouts du bureau, où il y a une chaise sans bras. A la tête du bureau, tout vis-à-vis, est le Directeur de l'Académie, qui a une chaise à bras. Le candidat commence son discours, il salue l'assemblée et se couvre en même temps, et demeure couvert tant qu'il parle. Son discours fini, il se découvre. Ayant achevé, on lit quelques pièces de la composition de quelques-uns des Académiciens : après quoi, on finit l'assemblée. »

Aujourd'hui, si l'Académie française a encore un imprimeur attitré, c'est uniquement pour imprimer les discours de ses membres, et non pour assurer l'ordre intérieur de ses séances. Mais alors, et jusqu'en 1789, le titre et la charge de Libraire-Imprimeur de l'Académie, avaient un double caractère, qui rattachait beaucoup plus étroitement leurs titulaires à la compagnie. Cette charge fut donnée, pour la première fois, à Jean Camuzat, « qui étoit, dit Pellisson, de tous ceux d'alors celui que l'on estimoit le plus habile, car, outre qu'il étoit très entendu en sa profession, il étoit homme de bon sens, et n'imprimoit guère de mauvais ouvrages. C'étoit presque une marque infaillible des bonnes pièces que d'être de son impression. » A Camuzat succédèrent Le Petit (1643), les trois Coignard (1686-1749), les deux Brunet (1749-1760) et Guénard-Demonville (1775). Aujourd'hui, c'est la dynastie des Pingard qui a remplacé, pour les fonctions intérieures, les vieux libraires de Paris.

Autre différence entre le passé et le présent. Le récipiendaire est conduit à sa place par deux parrains, qui s'asseyent à ses côtés. Il salue peu ou point, et s'il lui arrive d'être tenté de le faire quand l'auditoire applaudit, son parrain, plus expert, l'avertit de s'abstenir. Ainsi agit Émile Augier à l'égard de M. Sardou, alors plus habitué aux usages du théâtre et des *premières* qu'à ceux de l'Académie. Le récipiendaire ne reste plus couvert : c'était là une marque d'indépendance, dont on ne croit plus sans doute avoir besoin.

Tant que dura l'ancien régime, presque rien, d'ailleurs, ne fut changé au cérémonial des réceptions. Vers 1740, le duc de Luynes, dans son journal, nous en présente à peu près le même tableau que le P. Léonard cinquante ans plus tôt.

« L'Académie des Inscriptions et Belles-Lettres et l'Académie françoise, dit-il, s'assemblent au vieux Louvre, dans deux salles qui se touchent immédiatement. Tous les Académiciens sont assis dans des fauteuils, autour d'une table fort longue ; le directeur est au bout d'en haut, et celui qui est reçu, à l'autre bout vis-à-vis de lui ; les évêques et prêtres y sont en habit court comme à l'ordinaire, mais un évêque, le jour de sa réception, y est en habit noir long. Quoique le nombre des Académiciens soit de quarante et presque toujours complet, ils ne s'y trouvent presque jamais tous ensemble... Il ne serait pas possible même que les quarante tinssent autour de la table, telle qu'elle est aujourd'hui. Les dames qui veulent se trouver à ces assemblées sont placées dans les tribunes, qui sont dans les deux fenêtres de la salle... Les auditeurs sont sur des chaises derrière les Académiciens... Lorsque tous les Académiciens ont pris séance, le directeur et celui qui doit être reçu, ayant leur chapeau sur la tête, le directeur ôte son chapeau : c'est pour annoncer au nouvel Académicien qu'il peut parler. Celui-ci ôte son chapeau toutes les fois qu'il dit : « Messieurs, » ou qu'il parle du Roi. L'usage est de lire son discours, on ne le prononce pas par cœur. On sait, d'ailleurs, la règle pour tous les discours de ceux qui sont reçus : il faut parler du chancelier Seguier, du cardinal de Richelieu, de Louis XIV, du Roi, et faire l'éloge de l'Académicien auquel on succède. Pour le di-

Fig. 51. — Réception d'un académicien, d'après un dessin de P. Delamonce, gravé par Pailly. XVIIIe siècle.

recteur, il ne doit parler, dans son discours, que de l'Académicien qui est reçu, de celui dont il vient remplir la place et du Roi. »

Les discours de réception, comme les séances dans lesquelles ils étaient prononcés, se sont modifiés avec le temps, mais d'une manière moins sensible. La principale différence est dans l'étendue, souvent exagérée, qu'ont prise ceux d'aujourd'hui. Si au XVIIe et même au XVIIIe siècle ces discours n'étaient pas longs, ils n'en portaient peut-être que davantage la marque particulière de leur auteur. En 1665, celui de Bussy-Rabutin, qui avait « consenti » à être académicien, « à la prière de ses amis le chancelier Seguier et le duc de Saint-Aignan, » n'a pas plus de trente lignes, et est bien d'un mestre de camp général de la cavalerie. En voici le début :

« Si j'étois à la tête de la cavalerie et que je fusse obligé de lui parler pour la mener au combat, la croyance où je serois qu'elle auroit quelque respect pour moi et que de tous ceux qui m'écouteroient il n'y en auroit peut-être guère de plus habile, me le feroit faire sans être fort embarrassé. Mais ayant à parler devant la plus célèbre assemblée de l'Europe et la plus éclairée, je vous avoue, Messieurs, que je me trouve un peu étonné, et que, si quelque chose me rassure, c'est que je crois que vous êtes trop justes pour ne pas excuser les fautes d'un homme qui a fait toute sa vie un métier qui véritablement donne de la réputation, mais qui d'ordinaire aussi ne donne guère de politesse. »

Les discours de l'ancienne Académie témoignaient aussi d'une plus grande liberté, sinon dans la pensée, du moins dans les sujets qui y étaient traités. A côté des éloges obligatoires du roi, du cardinal de Richelieu, et de l'académicien auquel il succédait, le récipiendaire pouvait développer des thèmes plus généraux. C'est ainsi que l'abbé de Montigny parla des *Langues*, Bossuet, des *Avantages de l'institution de l'Académie*, Mezeray, des *Rapports de l'éloquence avec le bien public*, Voltaire, des *Effets de la poésie sur le génie des langues*, Buffon, *du Style*, Thomas, de *l'Homme de lettres considéré comme citoyen*, Malesherbes, *du Rang que tiennent les lettres entre les différents ordres de l'État*, Condorcet, des *Avantages et des progrès des sciences*, Chamfort, de *l'Ancienne chevalerie*, etc.

L'Académie, qui se piquait de respecter les règles de la politesse autant que celles de la langue française, et qui, sous l'ancien régime, a fait tant de harangues au roi et à la famille royale, en a aussi quelquefois honoré ses propres membres. Ainsi en fut-il pour le comte de Bussy-Rabutin lorsque, au mois d'avril 1682, il fut rappelé à la cour, après une disgrâce de dix-sept ans. En 1665, il avait été élu à l'Académie en remplacement de Perrot d'Ablancourt, le traducteur élégant mais infidèle de Tacite et de Lucien, l'un des premiers membres de la compagnie. Il n'était guère connu alors dans les lettres que par des vers et des chansons qui couraient sous le manteau. Il eût été heureux pour lui que l'*Histoire amoureuse des Gaules* n'eût jamais été connue que de cette façon, car ce fut la publication de ce livre ou plutôt de ce pamphlet en 1665, qui amena l'emprisonnement de l'auteur à la Bastille et ensuite son exil dans ses terres de Bourgogne. Bussy, malgré son éloignement, avait toujours été très apprécié et honoré de ses confrères. Voici comment il raconte la démarche flatteuse dont il fut, de leur part, l'objet à son retour, et l'échange de politesses qui s'en suivit. « Depuis le lundi matin, 13 avril, jusqu'au lundi 16, je reçus cent visites, et entre autres l'Académie me députa Charpentier et Quinault, pour me complimenter sur mon rappel à la cour.... J'allai, vendredi, faire ma cour à M. le Prince (le *Grand Condé*) à Saint-Germain... et, le lendemain samedi, j'allai à l'Académie lui faire ce remerciement :

« Messieurs,

« Quoique je sache bien que le compliment dont vous m'avez honoré soit une suite de la grâce que j'ai reçue du roi, je ne laisse pas de vous en être extrêmement obligé, parce que je sais aussi que vous ne feriez pas cet honneur à tous ceux de votre corps qui sortiroient de disgrâce. Soyez donc persuadés, s'il vous plait, Messieurs, que je rens cette distinction comme je dois et qu'il n'y a dans mon cœur, au-dessus de l'obligation que je vous ai, que la reconnaissance du retour à la miséricorde de Sa Majesté à mon sujet. Ce seroit ici un bel endroit, Messieurs, pour vous parler de ce grand roi, dont les ennemis même parlent avec éloge ; mais dix-sept ans d'absence de l'Académie m'ont fait perdre les dispositions que je pouvois avoir à ces beaux tours et à ces nobles expressions qu'on apprend si bien avec vous, et qui sont si nécessaires pour traiter un aussi grand sujet que celui-là. Je n'ai pas oublié d'admirer, et si je l'ose dire, d'aimer le plus grand roi du monde, mais j'ai oublié la manière de le dire comme il le mérite. Vous me l'apprendrez, Messieurs, et cependant je vous assurerai qu'on ne peut être avec plus de vérité que je le suis, etc. »

Jusqu'en 1693, les discours de réception n'étaient pas soumis à un examen préalable de l'Académie. C'est seulement plus tard, à l'occasion du discours de La Bruyère, que cet usage s'introduisit. Peintre de caractères, de portraits dans son livre, il en avait tracé aussi dans son discours. Ils ne satisfirent pas tous ceux qui s'y reconnurent. Thomas Corneille et Fontenelle se plaignirent beaucoup du parallèle qu'il avait fait entre Pierre Corneille et Racine. L'Académie ne consentit pas à la suppression du discours qui était demandée, mais c'est en vue de prévenir de pareils incidents qu'elle établit l'examen préalable.

Les épigrammes et les attaques contre l'Académie tiennent trop de place dans son histoire pour n'en parler qu'incidemment, comme nous l'avons fait. Le premier qui écrivit contre l'Académie fut l'abbé de Saint-Germain de Morgues, un favori de Marie de Médicis, qu'il accompagna dans son exil à Bruxelles, et qu'il défendit dans plusieurs écrits. Il n'est pas étonnant que cet adversaire de Richelieu ait attaqué avec animosité l'Académie française, fondée par ce ministre. Il l'appelait l'*Académie gazétique*, par une confusion volontaire avec le Bureau d'adresses de Renaudot, où s'élaborèrent les premières gazettes qui aient existé en France. C'est encore lui qui inventa pour elle le nom de « Volière de Psaphon. » Le passage est curieux. « Le cardinal, dit-il, a reconnu sa disette d'écrivains et, pour tâcher de s'en relever, il a dressé une école, ou plutôt une volière de Psaphon, l'Académie, qui est la maison du gazetier, c'est-à-dire le père des mensonges. Là s'assemble un grand nombre de pauvres ardents (*lépreux*), qui apprennent à composer des fards pour plâtrer les laides actions, et à faire des onguents pour mettre sur les plaies du public et du cardinal. » L'Académie ne pouvait vraiment se reconnaître à ce portrait, et Saint-Germain en fut pour ses frais de satire.

L'élégant, le spirituel, le mordant Saint-Evremond fut pour l'Académie un adversaire plus dangereux. *La Comédie des Académiciens*, vraie satire, qui n'a de comédie que le nom, fut imprimée en 1653, mais elle circulait en manuscrit beaucoup plus tôt. Saint-Evremond y met en scène Godeau, Colletet, Saint-Amant, Chapelain, et beaucoup d'autres académiciens encore. Voici comment il se moque du travail du Dictionnaire, et des prétendus arrêts que l'Académie rendait sur le langage :

RÉSOLUTION DE L'ACADÉMIE
prononcée par le président Serizay.

Grâce à Dieu, compagnons, la divine assemblée
A si bien réussi, que la langue est réglée.
Nous avons rejeté ces vieux et rudes mots
Introduits autrefois par les barbares Goths ;
Nous les avons ôtés, et, de pleine puissance,
Faisons aux écrivains une juste défense,
Qui devra leur servir d'une très forte loi,
Qu'ils n'usent pour jamais de *car*, ni de *pourquoi* ;
Parce que, ni *parfois* ne sont plus à la mode ;
Combien que n'est pas bon ; *or* est très incommode ;
Jadis semble trop vieux pour vouloir s'en servir ;
Nous bannissons *d'autant* aussi bien qu'à *ravir* ;
Et, quoique la coutume en ceci soit bien forte,
On dira désormais que l'on *pousse la porte*.
Nous cassons sans appel l'importun *effectif* ;
Nous mettons *agissant* à la place d'*actif* ;
Nous souffrons *néanmoins* ; pour le mot d'*empirance*,
Personne n'ignoroit qu'il falloit *décadence*.
Voici ce qu'à peu près nous voulons réformer ;
Soit nommé libertin qui nous voudra blâmer !
Qui ne reconnoîtra la troupe académique,
Soit estimé chez nous pire qu'un hérétique !

C'est encore au travail du Dictionnaire que s'en prit Sorel dans son *Rôle des présentations faites aux grands jours de l'Éloquence françoise sur la réformation de notre langue.* Ses plaisanteries ne sont pas, du reste, bien mordantes : « S'est présenté le sieur Montmor (*le parasite fameux*), requérant pour M. le Prélat de Normandie

Fig. 56. — Frontispice de la comédie intitulée *les Académiciens*, de Saint-Évremond, tiré des *Œuvres du même*, Amsterdam, 1706.

(*Harlay*, archevêque de Rouen), qu'il plaise à la compagnie déclarer que le françois du dit sieur Prélat est de bon débit. — Réponse : Soit communiqué à l'imprimeur Estienne, qui a peine à vendre ses livres. »

Dans un autre écrit : *Discours sur l'Académie françoise*, le même Sorel s'en prend au talent même des académiciens : « Nombre d'entre eux, dit-il, ont apporté pour tout bagage, qui un titre, quelques stances ou quelques élégies, qui des ouvrages très foibles, comme le prouve le livre de M. Pellisson, qui en donne une liste complète. » Voltaire, un siècle plus tard, renchérissait encore sur Sorel en disant : « Chapelain, Colletet, Cassaigne, Faret, Cotin, nos premiers académiciens, étaient l'opprobre de notre nation ; et leurs noms sont devenus si ridicules, que si quelque auteur avait le malheur de s'appeler aujourd'hui Chapelain ou Cotin, il serait obligé de changer de nom. »

Sur ces premiers temps de l'Académie, il faut encore citer, parmi les pamphlets dirigés contre elle, celui en vers de Ménage, intitulé *Requête présentée par les Dictionnaires pour la réformation de la langue françoise*, qui se termine ainsi (*in cauda venenum*) :

>Laissez votre vocabulaire,
>Abandonnez votre grammaire,
>N'innovez rien, ne faites rien
>En la langue, et vous ferez bien.

Voiture, bien qu'il ait été membre de l'Académie dès sa

création, n'épargnait pas ses confrères, en quoi il a été imité par plus d'un de ses successeurs. Lorsque la compagnie s'occupait du mot *muscadin*, qu'elle décida devoir être écrit *muscardin*, il lui décocha l'épigramme suivante :

> Au siècle des vieux palardins,
> Soit courtisans, soit citardins,
> Femmes de cour ou citardines,
> Prononçaient toujours muscardins,
> Et balardins et balardines.
> Même l'on dit qu'en ces temps-là
> Chacun disoit rose muscarde.
> J'en dirois bien plus que cela ;
> Mais, par ma foi, j'en suis malarde,
> Et même en ce moment, voilà
> Que l'on m'apporte ma panarde.

Cette guerre, tantôt d'épigrammes plus gaies que méchantes, tantôt de critiques et d'attaques plus raisonnées, s'est continuée depuis presque sans interruption, mais sans nuire beaucoup à l'Académie, ni même en fermer les portes à ceux qui s'y livrèrent. Si, en effet, parmi ces détracteurs de l'Académie, il y a des écrivains qui n'en furent pas, il s'en rencontre encore davantage qui en firent partie. Parmi les premiers, il faut citer Piron, dont cette épigramme est restée célèbre :

> En France on fait par un plaisant moyen,
> Taire un auteur quand d'écrits il assomme ;
> Dans un fauteuil d'*Académicien*,
> Lui quarantième, on fait asseoir notre homme ;

Lors il s'endort et ne fait plus qu'un somme ;
Plus n'en avez prose ni madrigal.
. . . .

Voltaire était déjà entré à l'Académie française (1746), lorsque dans le *Dictionnaire philosophique*, supposant une conversation entre lui et un Anglais au sujet de cette compagnie, il en raillait ainsi les discours :

« Un jour, dit-il, un bel esprit de ce pays me demanda les mémoires de l'Académie française. « Elle n'écrit point de mémoires, lui répondis-je, mais elle a fait imprimer soixante ou quatre-vingts volumes de compliments. » Il en parcourut un ou deux. Il ne put jamais entendre ce style, quoiqu'il entendit fort bien tous nos bons auteurs. « Tout ce que j'entrevois, me dit-il, dans ces beaux discours, c'est que le récipiendaire ayant assuré que son prédécesseur étoit un grand homme, que le cardinal de Richelieu étoit un très grand homme, le chancelier Seguier un assez grand homme ; le directeur lui répond la même chose, et ajoute que le récipiendaire pourroit bien aussi être une espèce de grand homme, et que pour lui directeur il n'en quitte pas sa part. » Appréciant ensuite ce qu'on a appelé le style académique, il disait : « L'usage s'est insensiblement établi que tout académicien répéterait ces éloges à sa réception : on s'est imposé une espèce de loi d'ennuyer le public. Si l'on cherche ensuite pourquoi les plus grands génies qui sont entrés dans ce corps ont fait quelquefois les plus mauvaises harangues, la raison en est encore bien aisée ; c'est qu'ils ont voulu briller, c'est qu'ils ont voulu traiter nouvellement une matière toute usée. La nécessité de parler, l'embarras de n'avoir rien à dire, et l'envie d'avoir de l'esprit, sont trois choses capables de rendre ridicule même le plus grand homme. Ne pouvant trouver des pensées nouvelles, ils ont cherché des tours nouveaux, et ont parlé sans penser, comme des gens qui mâcheroient à vide, et feroient semblant de manger en périssant d'inanition. Au lieu que c'est une loi dans l'Académie françoise, de faire imprimer tous ces discours par lesquels seuls elle est connue ; ce devroit être une loi de ne les imprimer pas. »

Voltaire est plus juste lorsque, dans le même ouvrage, il reconnaît que « l'Académie françoise a rendu de grands services à la langue ». — « On n'a guère écrit contre l'Académie françoise, ajoutait-il, que des plaisanteries frivoles et insipides. »

Nous avons dit avec quelle vivacité Chamfort attaqua l'Académie, au commencement de la Révolution. Depuis son rétablissement, l'Académie a vu renaître, presque en même temps qu'elle, cette petite guerre d'épigrammes. Alfred de Musset, avant d'en être le Benjamin, n'épargna pas ses futurs confrères. Ainsi dans ces vers :

>   Porte-clefs éternels du mont inaccessible,
>   Guindés, guidés, bridés, confortables pédants,
>   Pharmaciens du bon goût, distillateurs sublimes,
>   Seuls vraiment immortels et seuls autorisés !

Et cet autre vers :

Nu comme le discours d'un académicien.

Dans cette mêlée, les candidats à l'Académie n'étaient

Fig. 86. — Caricature contre l'Institut, tiré d'un pamphlet de Cobuet, intitulé les Étrennes de l'Institut national (1800).

pas épargnés, et souvent c'étaient eux-mêmes qui armaient leur Apollon les uns contre les autres. Ainsi firent, vers 1811, Michaud et Campenon. Michaud avait décoché cette épigramme à Campenon :

> Au fauteuil de Delille aspire Campenon,
> A-t-il assez d'esprit pour qu'on l'y campe? — Non.

Campenon répondit par cette autre :

> Au fauteuil de Delille on a porté Michaud.
> Ma foi! pour l'y placer, il faut un ami chaud.

Pendant la grande querelle entre les classiques et les romantiques, la candidature de Victor Hugo donna lieu à ces vers, — d'un classique assurément — qui rappellent ceux de M.-J. Chénier contre Lemierre et son *Tell* :

> Où, ô Hugo! huchera-t-on ton nom?
> Justice enfin rendue que ne t'a-t-on?
> Quand donc au corps qu'académique on nomme
> Grimperas-tu de roc en roc, rare homme?

Quelquefois, c'était sur le caractère, les mœurs des académiciens ou des candidats, que la satire s'égayait. Ainsi fit Andrieux, dans une pièce, que rappelle certain passage de *l'Immortel*, de M. Alphonse Daudet :

> Pour entrer à l'Académie,
> Un candidat allait trottant,
> En habit de cérémonie,
> Sollicitant et récitant
> Une banale litanie,
> Demi-modeste, en mots choisis.
> Il arrive enfin au logis
> D'un doyen de la compagnie;
> Il monte, frappe à petits coups.
> « Hé, Monsieur, que demandez-vous?

Lui dit une bonne servante
Qui, tout en larmes, se présente.
— Pourrais-je pas avoir l'honneur
De dire deux mots à Monsieur ?...
— Las ! quand il vient de rendre l'âme !
— Il est mort ? — Vous pouvez d'ici
Entendre les cris de Madame ;
Il ne souffre plus, Dieu merci.
— Ah ! bon Dieu, je suis tout saisi !...
Ce cher ! ma douleur est si forte !...
Le candidat, parlant ainsi,
Referme doucement la porte,
Et sur l'escalier dit : « Je crois
Que l'affaire change de face ;
Je venais demander sa voix,
Je m'en vais demander sa place.

Mais la plus violente attaque qui ait été dirigée, de notre temps, contre l'Académie française, le fut par M. Maxime du Camp. Voici ce qu'il écrivait en 1855, vingt-cinq ans avant d'être lui-même académicien, dans la Préface belliqueuse de son volume de vers *les Chants modernes* :

« Il faut se hâter de le dire, l'Académie française, qui entretient avec grand soin le culte des idoles vermoulues, l'Académie, qui, se sentant immobilisée par le seul fait de sa constitution, voudrait rendre l'esprit humain immobile, l'Académie n'est plus un corps littéraire, c'est un corps essentiellement politique. Il regarde toujours en arrière, en avant jamais. En littérature, il est voué au passé ; en politique, il est voué à la rancune ! »

Renchérissant plus loin sur ce début, il ajoute : « J'ai dit que l'Académie n'était plus de nos jours un corps littéraire ; j'ai eu tort. J'aurais dû dire qu'elle est un corps essentiellement anti-littéraire : elle corrompt ou elle tue... Les hommes forts qui avaient le droit d'être *un* et qui ont voulu devenir *un quarantième* ne paraissent même plus sous la coupole de l'Institut. Voilà plus de dix ans que M. de Lamartine n'a assisté à une séance... En tant que corps littéraire, l'Académie française n'est pas seulement inutile, elle est nuisible. Quand un corps constitué, payé, médaillé, ne sert à rien et entrave la marche du progrès qu'il devrait aider, il perd sa raison d'être et doit être supprimé. Le jour où un gouvernement décrétera la dissolution de cette fade compagnie de bavards, qui n'a même pas la force de porter le poids de son Dictionnaire, il aura bien mérité de tout ce qui tient à cœur les gloires immortelles des arts et des lettres. »

M. Maxime du Camp n'a point payé cette déclaration de guerre de son exclusion académique, et l'académicien chargé de le recevoir lui disait avec esprit que c'était là des péchés pour lesquels la compagnie s'était toujours montrée indulgente. M. Alphonse Daudet, même après *l'Immortel*, pourra donc un jour être salué du *Dignus es intrare*.

Pour ne pas fermer ce chapitre par une satire contre l'Académie, nous rappellerons le jugement tout autre que Sainte-Beuve, en juillet 1855, portait sur elle. « L'Académie, disait-il, n'est pas — n'est plus du tout

ennemie du progrès ni des tentatives nouvelles en littérature. Dans les discussions des bons jours, dans ces conversations toutes littéraires et habituellement si mûries qui animent les séances intérieures, combien de fois n'ai-je pas eu à m'instruire là où je me croyais sûr mon terrain et le mieux préparé! J'ai souvent admiré, pendant la lecture des pièces de poésie, avec quelle attention, avec quel désir de trouver le bien, sans acception de genre ni d'école, on écoutait jusqu'au bout des choses qui, à nous autres critiques de profession, eussent paru dès l'abord impossibles à admettre et dignes d'un prompt rejet... Que de bons et charmants feuilletons dans la bouche d'anciens ministres, et qui n'ont jamais été écrits! »
— Il est vrai que Sainte-Beuve, en 1852, dans son article des *Regrets*, n'avait pas toujours pensé ainsi, et qu'en 1866 il devait mettre en avant l'idée d'une Académie recrutée par une sorte de suffrage universel.

Il est aujourd'hui de tradition académique que les visites soient le préliminaire obligatoire de toute élection. Il n'en fut pas toujours ainsi. Pellisson souhaitait même que l'Académie allât chercher ses candidats à leurs livres, comme Rome Cincinnatus à sa charrue. « Ne pensez-vous pas, disait-il, que ces Messieurs, lorsqu'ils ont à choisir un collègue, devroient toujours nommer le plus digne, quel qu'il fût, *sans même qu'il s'en doutât*, assurés que personne ne refuseroit cet honneur? » L'usage contraire lui semblait offrir ce danger « que presque personne ne se présente pour être reçu, qui, avant de rien proposer en public, ne s'assure des suffrages en particulier, où la civilité ordinaire ne permet qu'à peine de résister aux prières d'un ami. »

Mais il paraît que l'Académie craignit le mauvais effet de quelque refus possible, et c'est ainsi que s'établit l'obligation des visites. Ce fut même, affirme Segrais, à l'occasion du célèbre Arnauld d'Andilly que naquit cet usage. Comme janséniste, et par suite aussi de quelque ambition déçue, il croyait avoir à se plaindre du cardinal de Richelieu. De là, son refus d'une place vacante à l'Académie française, qui lui avait été offerte. C'est alors, dit Segrais, que le cardinal « voulut qu'on inscrivît dans les statuts l'article qui porte que personne n'y sera admis s'il ne le demande ».

Il y eut depuis, cependant, encore d'autres refus du titre d'académicien. Le plus éclatant fut celui du président de Lamoignon, l'ami de Boileau, qui lui a dédié une de ses plus belles épîtres. Il fut d'autant plus désagréable à la compagnie, qu'il se produisit après l'élection faite. Plus tard, le chancelier Daguesseau en 1724, le maréchal de Saxe après ses victoires, Turgot pendant son ministère, déclinèrent également les honneurs académiques. « On m'a proposé, mon maître, écrivait spirituellement le héros de Fontenoy, d'être de l'Académie françoise ; j'ai répondu que je ne savois pas seulement l'orthographe et que cela m'alloit comme une bague à un chat... Je crains les ridicules, et celui-ci m'en paraît un bien conditionné. » Le refus de Turgot fut noblement exprimé : « Ce n'est pas encore dans ce moment-ci, écrivait-il, qu'il me convient de fixer sur moi les yeux du public, pour un autre objet que les affaires de ma place. » Son exemple, d'ailleurs, n'a pas été contagieux parmi les ministres et les hommes politiques en général.

DICTIONNAIRE
DE
L'ACADÉMIE FRANÇOISE.

Fig. 57. — Première page (réduite) du Dictionnaire de l'Académie française, dédié au Roy. Paris, J.-B. Coignard, 1694. Première édition.

Si l'Académie est un corps essentiellement électif, il y eut, cependant, en fait plus d'un académicien par droit d'hérédité ou par droit de fonction. Le maréchal de Richelieu et les trois Coislin entrèrent à l'Académie, celui-là comme héritier du cardinal de Richelieu, ceux-ci comme descendants du chancelier Seguier, les deux premiers

protecteurs de la compagnie. Le duc de Villars, fils du
maréchal, les trois d'Estrées, les Rohan, pouvaient être
encore qualifiés d'académiciens par droit de famille. Il
était aussi d'usage que les précepteurs et sous-précepteurs
du dauphin fussent de l'Académie. Sans parler de Bossuet, de Fléchier et de Huet, de Fénelon, de l'abbé Fleury,
qui avaient d'autres titres, très personnels, à cet honneur,
ce fut surtout en cette qualité que l'abbé Alary, Giry
de Saint-Cyr, l'abbé de Radonvilliers, Jacques Hardion,
précepteur des filles de Louis XV, durent leur élection.
La fonction de garde de la Bibliothèque du roi était
aussi presque toujours un titre académique, comme pour
l'abbé de Lavau, l'abbé de Caumartin, les deux Bignon,
l'abbé de Louvois, etc.

Pour clore ce chapitre, nous nous arrêterons un peu sur
le Dictionnaire, cette grande occupation de l'Académie.
La première édition parut en 1694, cinquante-neuf ans
après la fondation de l'Académie. Vaugelas, dont les
Remarques sur la langue française avaient paru en 1647,
en avait été le principal rédacteur jusqu'à sa mort en 1650.
L'Académie, en le présentant au cardinal de Richelieu
pour le mettre à la tête de cette vaste entreprise, avait
demandé au ministre le rétablissement de sa pension,
que son attachement à Gaston d'Orléans avait fait supprimer. Richelieu la lui avait rendue, mais en accompagnant cette grâce d'une épigramme : « Eh bien, vous
n'oublierez pas dans le dictionnaire le mot *pension*. — Ni
celui de *reconnaissance*, » répondit Vaugelas.

L'achèvement de l'œuvre s'était fait attendre, mais cette œuvre était excellente. Il ne faut pas oublier que, si des académiciens, aujourd'hui bien obscurs, y travaillèrent, ils eurent pour collaborateurs, dans une proportion plus grande qu'on ne croit généralement, La Fontaine, le plus assidu des académiciens, un Corneille, un Boileau, un Racine, un Bossuet. L'ouvrage formait deux volumes in-folio, et avait pour titre :

Le

DICTIONNAIRE

de

L'ACADÉMIE

Françoise,

Dédié au Roy.

A Paris, chez la veuve de Jean-Baptiste Coignard, imprimeur ordinaire du Roy, et de l'Académie Françoise, rue Saint-Jacques, à la Bible d'Or ; et chez Jean-Baptiste Coignard, imprimeur et libraire ordinaire du Roy, et de l'Académie Françoise, rue Saint-Jacques, près Saint-Severin, au Livre d'Or.

Les mots y étaient rangés par racines, au lieu de s'y succéder alphabétiquement et détachés les uns des autres. On a pu regretter cette méthode plus scientifique, qui, dès la seconde édition de 1718, fut remplacée par l'ordre alphabétique pur et simple. Dans la Préface, cette méthode était ainsi justifiée : « Comme la langue françoise a des mots Primitifs, et des mots Derivez et Composez, on a jugé qu'il seroit agréable et instructif de disposer le Dictionnaire par Racines, c'est-à-dire de ranger tous les mots Derivez et Composez après les mots Primitifs dont ils descendent, soit que ces Primitifs soient d'origine purement Françoise, soit qu'ils viennent du Latin ou de quelqu'autre Langue... Dans cet arrangement de Mots, on a observé de mettre les Derivez avant les Composez, et de faire imprimer en gros Caractères les mots Primitifs comme les Chefs de famille de tous ceux qui en dépendent, ce qui fait qu'on ne tombe guères sur un de ces mots primitifs qu'on ne soit tenté d'en lire toute la suite, parce qu'on voit, s'il faut ainsi dire, l'Histoire du mot, et qu'on en remarque la Naissance et le Progrez ; et c'est ce qui rend cette lecture plus agréable que celle des autres Dictionnaires qui n'ont point suivi l'ordre des Racines. »

Magnifiquement imprimée, cette édition est ornée d'un frontispice allégorique, dans lequel figurent l'Académie française et un buste du roi gravé par J. Mariette et G. Edelinck, d'après J.-B. Corneille, et d'un en-tête gravé par Mariette d'après Corneille, représentant Louis XIV harangué par le Directeur de l'Académie.

Dans la Dédicace au roi, au milieu d'éloges obligés dans le ton et dans le goût de l'époque, on remarque à propos de Louis XIV, ce passage sur ce qu'on a appelé depuis l'universalité de la langue française :

« La supériorité de votre puissance l'a déjà rendue la

Fig. 50. — Frontispice du Dictionnaire de l'Académie, première édition, 1694, gravé par Mariette, d'après le dessin de J.-B. Corneille.

langue dominante de la plus belle partie du monde. Tandis que nous nous appliquons à l'embellir, vos armes victorieuses la font passer chez les étrangers, nous leur en facilitons l'intelligence par nostre travail, et vous la leur rendez nécessaire par vos Conquestes ; et si elle va encore plus loin que vos Conquestes, si elle se voit aujourd'huy establie dans la plupart des Cours de l'Europe, si elle réduit pour ainsi dire les langues des Païs où elle est connuë, à ne servir presque plus qu'au commun du peuple, si enfin elle tient le premier rang entre les langues vivantes, elle doit moins une si haute destinée à sa beauté naturelle, qu'au rang que vous tenez entre les Rois et les Héros. »

Dans la Préface, écrite d'un style grave et simple, l'Académie expose brièvement les principes qu'elle a suivis dans la poursuite et l'achèvement de son œuvre. Elle se défend d'avoir faire un dictionnaire historique de la langue : elle a pris cette langue dans l'état actuel où elle était parvenue. « Elle s'est retranchée, dit-elle, à la langue commune (*générale*), telle qu'elle est dans le commerce ordinaire des honnestes gens, telle que les Orateurs et les Poètes l'employent ; ce qui comprend tout ce qui peut servir à la noblesse et à l'élégance du discours. »

CHAPITRE IX.

LE 41ᵉ FAUTEUIL.

On a donné le nom de 41ᵉ Fauteuil à cette Académie idéale, élyséenne pour ainsi dire, où la postérité, plus équitable que les contemporains, place tous les grands écrivains qui, par des raisons et des circonstances diverses, n'ont pas fait partie de l'Académie française. La liste en est nombreuse. Mais, hâtons-nous de le dire, toutes ces exclusions ou ces omissions ne doivent pas être mises sur le compte de la partialité, de l'injustice ou de l'envie.

Il y a d'abord les refus, qui ne sont pas un des côtés les moins curieux de l'histoire académicienne. Le grand Arnauld, le janséniste, ne voulut jamais être de l'Académie. Ainsi firent, après lui, le président de Lamoignon et Turgot. Béranger, le chansonnier populaire, mit une sorte de malice et de coquetterie à faire plusieurs académiciens et à ne jamais l'être.

Descartes, dont le *Discours de la méthode* est un

chef-d'œuvre de la langue française, aurait certes, plus que personne, honoré l'Académie; mais ce *Discours* parut seulement en 1637, et, dès 1629, l'auteur avait déjà quitté la France, où il ne devait plus revenir. Si Descartes ne fut pas académicien, la faute en est plus aux circonstances qu'à la compagnie elle-même.

On n'en saurait dire autant de Gassendi, mort à Paris en 1655, et qui fut l'ami de plusieurs des premiers académiciens, particulièrement de Louis Habert de Montmor, chez lequel il mourut et qui publia le recueil de ses œuvres (1658). Mais Gassendi écrivait en latin et son épicurisme effrayait un peu ses contemporains.

Pascal, le créateur, avec Descartes, de la grande prose française, était certes très supérieur à tous les prosateurs de l'Académie à cette époque, sauf Bossuet; mais les *Provinciales*, qu'il fit paraître sous le pseudonyme de Montalte, sont de 1656, et il mourut en 1662, à trente-neuf ans. S'il eut vécu davantage, les *Petites lettres*, bien qu'entachées de jansénisme, ne l'auraient sans doute pas fait écarter, puisqu'en 1683, un de leurs défenseurs, Barbier d'Aucour, entra à l'Académie.

Après Corneille, le plus grand poète tragique de ces premiers temps de l'Académie fut Rotrou, l'auteur de *Venceslas* et de *Saint Genest;* mais ces deux pièces sont de 1646 et de 1647, et leur auteur mourut en 1650 : il ne résidait pas d'ailleurs à Paris, et l'on sait que Corneille ne fut élu qu'après avoir quitté Rouen pour venir habiter la capitale. Scarron, supérieur dans un genre peu

Fig. 40. — Jean-Baptiste Poquelin de Molière, peint par C. Coypel, gravé par Léphelé.

académique, le burlesque, fut médiocre au théâtre ; mais son *Roman comique* valait mieux que le *Roman bourgeois* de Furetière, qui fut cependant de l'Académie.

En somme, les seuls grands écrivains, dont, à cette

Fig. 69. — Balzac.

époque, l'absence à l'Académie ait fourni un juste grief à la postérité, sont Molière, La Rochefoucauld, et le cardinal de Retz. Pour que Molière en fût, il aurait fallu qu'il cessât de monter sur le théâtre. Boileau, son ami, l'en priait : « Votre santé, en outre, dépérit, parce que le métier de comédien vous épuise, lui disait-il ; que n'y renoncez-vous ? » On sait sa belle réponse : « Hélas! c'est le point d'honneur. » Mais l'Académie elle-même a bien vengé depuis Molière de cet oubli ; c'est elle qui fit mettre son buste dans la salle de ses séances, avec ce vers gravé au-dessous :

Rien ne manque à sa gloire, il manquait à la nôtre.

Quant à La Rochefoucauld, il se défendit d'être de l'Académie par crainte du discours qu'il aurait à prononcer, peut-être aussi par orgueil de grand seigneur, et Retz, mort en 1679, un an avant l'auteur des *Maximes*, était trop en disgrâce auprès du Protecteur de la Compagnie pour que celle-ci pût l'élire, quand bien même elle en aurait eu l'envie.

Comme Descartes, Saint-Evremond habita l'étranger, et Hamilton, ainsi que, plus tard, Jean-Jacques Rousseau, était de nationalité étrangère, bien que passé maître en notre langue. Bourdaloue et Malebranche étaient des religieux, appartenant l'un à l'ordre des jésuites, l'autre à celui des oratoriens, et la règle de leur société, plus encore que la tradition académique, s'opposait à leur candidature.

Mais où l'Académie mérite vraiment les reproches qu'on lui a adressés, c'est de n'avoir élu ni Regnard, notre plus grand auteur comique après Molière, ni Le Sage, l'immortel auteur de *Gil Blas*, ni l'abbé

Prévost, l'auteur de *Manon Lescaut*, ni Diderot, quand elle élisait d'Alembert, qui n'est qu'un Diderot sans style, et, de notre temps, ni Benjamin Constant, ni Jouffroy, le philosophe, ni Balzac, ni Lamennais, ni Béranger, dût-il ne pas faire de visites, imitant en cela Duclos, ni Théophile Gautier, ni Alexandre Dumas.

Après ces grands oublis, c'est à peine si l'on peut parler de ceux de Dancourt, de J.-B. Rousseau, de Mably, de Beaumarchais, de Millevoye, de P.-L. Courier, de Carrel, de Pontmartin.

Au reste les uns et les autres n'en ont pas souffert dans leur renommée, et tous ils auraient pu prendre la chose aussi gaiement que Piron dans son épitaphe célèbre :

Ci-gît Piron, qui ne fut rien
Pas même Académicien.

Fig. 61. — Ancienne marque des Didot, imprimeurs de l'Académie française.

TABLE DES MATIÈRES

	Pages.
Chapitre I. — Une Académie avant l'Académie (1570-1585)	1
Chap. II. — La fondation de l'Académie française. — Les premiers académiciens (1629-1636)	27
Chap. III. — Protectorats de Richelieu et de Séguier (1637-1642) 1642-1672)	53
Chap. IV. — Protectorat de Louis XIV (1672-1715)	80
Chap. V. — Protectorat de Louis XV (1715-1774)	117
Chap. VI. — Protectorat de Louis XVI. — La Révolution : suppression de l'Académie (1774-1793)	145
Chap. VII. — L'Institut. — L'Académie française rétablie — Époque contemporaine (1795-1816-1890)	169
Chap. VIII. — Les logis de l'Académie. — Les séances de réception. — Les discours. — Épigrammes et attaques contre elle. — Les visites. — Les refus. — Les académiciens héréditaires. — Le Dictionnaire	207
Chap. IX. — Le 41ᵉ fauteuil	245

www.ingramcontent.com/pod-product-compliance
Lightning Source LLC
Chambersburg PA
CBHW070640170426
43200CB00010B/2086